Sebastian Römischer

Römischer

Sebastian Römischer

Römischer

Mentaltraining & Coaching

Bloggingbooks

Impressum / Imprint
Bibliografische Information der Deutschen Nationalbibliothek: Die Deutsche Nationalbibliothek verzeichnet diese Publikation in der Deutschen Nationalbibliografie; detaillierte bibliografische Daten sind im Internet über http://dnb.d-nb.de abrufbar.
Alle in diesem Buch genannten Marken und Produktnamen unterliegen warenzeichen-, marken- oder patentrechtlichem Schutz bzw. sind Warenzeichen oder eingetragene Warenzeichen der jeweiligen Inhaber. Die Wiedergabe von Marken, Produktnamen, Gebrauchsnamen, Handelsnamen, Warenbezeichnungen u.s.w. in diesem Werk berechtigt auch ohne besondere Kennzeichnung nicht zu der Annahme, dass solche Namen im Sinne der Warenzeichen- und Markenschutzgesetzgebung als frei zu betrachten wären und daher von jedermann benutzt werden dürften.

Bibliographic information published by the Deutsche Nationalbibliothek: The Deutsche Nationalbibliothek lists this publication in the Deutsche Nationalbibliografie; detailed bibliographic data are available in the Internet at http://dnb.d-nb.de.
Any brand names and product names mentioned in this book are subject to trademark, brand or patent protection and are trademarks or registered trademarks of their respective holders. The use of brand names, product names, common names, trade names, product descriptions etc. even without a particular marking in this work is in no way to be construed to mean that such names may be regarded as unrestricted in respect of trademark and brand protection legislation and could thus be used by anyone.

Coverbild / Cover image: www.ingimage.com

Verlag / Publisher:
Bloggingbooks
ist ein Imprint der / is a trademark of
OmniScriptum GmbH & Co. KG
Heinrich-Böcking-Str. 6-8, 66121 Saarbrücken, Deutschland / Germany
Email: info@bloggingbooks.de

Herstellung: siehe letzte Seite /
Printed at: see last page
ISBN: 978-3-8417-7219-0

RÖMISCHER

MENTALTRAINING & COACHING

Inhalt

Selbst- & Zeitmanagement

Der Beginn...
(jetzt und nicht später)

Hallo an dich da draußen,

Wie versprochen...

...da bin ich und beginne jetzt mit meinem ersten guten Vorsatz für das neue Jahr. Und weil die meisten Vorsätze zum scheitern verurteilt sind aus Gründen wie ich beginne morgen, wonach Tage, Wochen und Monate verstreichen und dabei nicht wirklich das geschieht, was man sich vorgenommen hat, beginne ich noch im alten Jahr damit und zwar genau jetzt.

Mein erster guter Vorsatz für das neue Jahr ist, einmal die Woche zu Bloggen.

Bloggen? Ja Bloggen!

...und das verdanke ich jeden einzelnen von euch. Danke für die Ermutigungen und für die vielen Tipps und tollen Ratschläge.

Ich möchte auf diesem Weg all diejenigen erreichen, welche Unterstützung, vielleicht auch eine persönliche Begleitung oder einfach nur Tipps in die Bereiche seines Lebens benötigt um seine Persönlichkeit und sein Charisma aufbessern möchte.

Mit gezielten Tipps, Zitaten und Sprüchen möchte ich dich dazu motivieren, deine Kreativität und Aktivität besser zu entfalten, dich weiter zu entwickeln und immer mehr in dem was du willst zu wachsen.

Ich möchte mein Wissen, all das was ich gelernt habe und weiter lernen werde, mit dir teilen.

Denn wir lernen nie aus!

Tag für Tag bilde ich mich für dich weiter, um dir noch mehr Unterstützung anbieten zu können. Um mich noch besser auf dich vorbereiten zu können, brauche ich von dir eins, dein Thema "Problem" was dich persönlich am meisten an dir stört und du unbedingt verbessern, ja sogar eliminieren möchtest.

Schreib mich an unter sebastian.roemischer@gmail.com erläutere mir dein Thema, beschreibe mir dein persönliches Problem und ohne deine persönliche Daten preiszugeben, werde ich dir in einem Blogbeitrag helfen.

Ich wünsche dir einen guten Rutsch in das neue Jahr und mögest du alle deine Vorsätze erfolgreich erreichen.

In diesem Sinne habe viel Spaß beim Lesen, bei der Umsetzung und ich wünsche dir viel

Gesundheit, Liebe, Macht, Erfolg und Reichtum

Dein Sebastian Römischer

Beziehungen...
(und wie stehst Du dazu?)

Was sind Beziehungen und wie stehen wir zu ihnen?

- **Ich**

Beziehungen fangen schon bei uns selbst an: die "Ich-Beziehung" das ist die erste Beziehung und somit auch die wichtigste Verbindung überhaupt, denn ohne sie funktionieren die anderen nur minimal bis hin zu gar nicht. Das ist die sogenannte Ego-Ebene.

- **Ehepartner/Lebenspartner**

Die nächste Beziehungsebene sollte dem Ehe- beziehungsweise dem Lebenspartner gewidmet sein, welche fast der "Ich-Beziehung" gleichgestellt ist, Vorausgesetzt das solch eine Beziehung besteht. Diese sehr wichtige Verbindung baut auf die Anziehungskraft, Liebe, Respekt und Vertrauen zu einander sowie das Miteinander und die Kommunikation untereinander. Das ist die sogenannte Fortpflanzungs-Ebene beziehungsweise die Familien-Ebene womit die eigene Gründung einer Familie gemeint ist.

- **Familie**

Die nächste Beziehungsebene ist der Familie (Eltern, Großeltern und Geschwister) zugeordnet. Die sogenannte Blutsebene, denn Blut ist dicker als Wasser oder sollte es zumindest sein. Diese Ebene ist das unmittelbare Umfeld in der das Lernen sowie die Aneignung von Glaubenssätzen am meisten und stärksten beeinflusst wird. Das ist die sogenannte Ursprungsfamilie-Ebene.

- **Freunde**

Diese Beziehungsebene hat was sehr interessantes in sich, denn hier verbinden sich alle vorherigen Beziehungsebenen miteinander und je nach ihre Stärke und Konstellation bis hin zur Übernahme dieser. Freunde sind was wunderbares und sehr selten, sie gehören zu allen Ebenen. Das ist die sogenannte Universal-Ebene.

- **Verwandte**

Man kennt sich oder man kennt ihre Existenz. Einige davon sind im eigenen Umfeld zuhause. Je nach dem in welcher Konstellation, beeinflussen sie das Lernen und die Aneignung von Glaubenssätzen so, wie in der Ursprungsfamilie auch der Fall ist. Das ist die sogenannte Ausgleich-Ebene.

- **Bekannte**

Diese Beziehungsebene ist ähnlich wie die Freunde-Ebene, sie passen sich meistens überall in allen Kategorien mit an. Oft ist jedoch der Fall, dass sie in wichtigen Momenten, wie vom Erdboden verschwunden sind. Manchmal tauchen sie dennoch wieder auf, meistens wenn sie was wollen. Das ist die sogenannte Grenz-Ebene.

- **Unbekannte**

Diese Beziehungsebene basiert meistens auf Respekt und Höflichkeit untereinander. Das ist die zwischenmenschliche Beziehung zu allen Spezies, die sogenannte Intelligenz-Ebene.

Je nach dem wie stark die Verbindungen zu einem selbst sind, passiert es häufig, dass die ebenen untereinander wechseln.

Dafür könnten mehrere Auslöser der Grund sein, der häufigste ist die Akzeptanz, gefolgt von zu wenig bis hin zur fehlender Kommunikation, nur um einige wichtige zu erwähnen.

Jede einzelne Beziehungsebene kann seinen Rang unter bestimmten Umständen verändern, deshalb solltest Du lieben, achten und respektieren, was Du wahren möchtest.

GLMER-Studie...

(und die 5 Bestandteile des Lebens)

Nach unzähligen Anfragen habe ich mich endlich dazu entschlossen, die Zusammenfassung der **GLMER-Studie** zu veröffentlichen und darüber ein paar Zeilen zu schreiben. Vielen Dank an jeden einzelnen von euch, an all die 360 Teilnehmer.

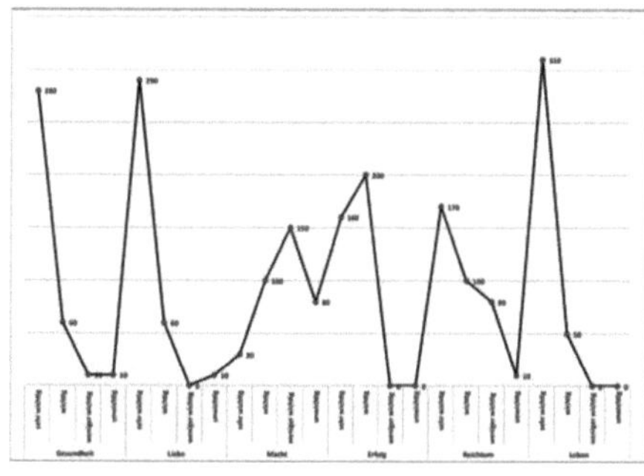

- **Was ist die GLMER-Studie überhaupt, was beinhaltet sie?**
- **Was ist der Sinn, kann ich das für mich persönlich auch nutzen?**

Jede Studie braucht sehr viel an Zeit und Genauigkeit um fertiggestellt werden zu können, so auch diese. Bei der GLMER-Studie geht es um Grundbedürfnisse, besser gesagt um die Erweiterung dieser. Im großen und ganzen geht es um das Leben an sich und die dazugehörigen Teile wie Gesundheit, Liebe, Macht, Erfolg und Reichtum.

Wenn diese Teile immer in ausreichender Menge vorhanden sind, ist das Leben vollkommen. Doch das ist ein ständiger Kampf. Und das ist auch gut so, denn Kampf = leben = Vorwärts = Ziele, Wünsche und Träume usw.
Das inakzeptable Gegenteil wäre Aufgeben, Stillstand, Rückstand und ich behaupte sogar, dass es das langsame Sterben wäre.

Wir müssen und sollen um das kämpfen was wir behalten, haben oder erreichen wollen. Wenn uns was nicht so gefällt, dann ist eine Veränderung unverzichtbar.

- **Doch wo, wie und wann fange ich an?**

Viele Wege führen zum Ziel, eins davon könnte zum Beispiel sein, dein Ziel auf ein Blatt Papier niederzuschreiben, mit all deinen dazugehörigen Teilen und dann Schritt für Schritt zu beginnen. In dem neuen Zeitalter der Technik, gibt es unzählige Programme und Apps, welche das **WO** und **WIE** unterstützen. Für das **WANN** bist Du selbst verantwortlich.

Definitionen und Missverständnisse

Erst einmal vorab, jedes einzelne Teil sowohl **GESUNDHEIT**, **LIEBE**, **MACHT**, **ERFOLG** als auch **REICHTUM**, sind wichtige Bestandteile des **Lebens** und sie sind unverzichtbar. Diese 5 Teile solltest Du in erster Linie immer erst auf dich selbst beziehen und anwenden, bevor Du sie woanders einsetzt.

Gesundheit	Ich muss erst selbst gesund denken und sein bevor ich was anderes erreichen oder zulassen kann.
Liebe	Ich muss erst mich akzeptieren und lieben bevor ich andere akzeptieren und lieben kann um dann schließlich selbst akzeptiert und geliebt zu werden.
Macht	Ich muss immer die Macht über mich selbst haben sowohl über meine Gedanken, als auch über meine Handlungen. Macht ist Kraft und Kraft brauche ich für fast alles im Leben.
Erfolg	Mit gesundem Menschenverstand und mit Liebe zum Ganzen und seinen Teilen, sollte ich alles in meiner Machtstehende tun um meine Träume, Wünsche und Ziele näher zu kommen.
Reichtum	Je mehr Wissen ich mir aneigne, desto mehr Reichtum erlange ich im Leben und je mehr ich mein Wissen mit gesundem Menschenverstand und die Liebe zum Ganzen und zu ihren Teilen einsetze, desto mehr Macht besitze ich.

Leben	Ich lebe glücklich und zufrieden wenn ich gesund denke und bin, wenn ich mich selbst und andere liebe, wenn ich meine Macht gesund einsetze, wenn ich meine Träume, Wünsche und Ziele näher komme und wenn ich mir Wissen aneigne und anwende.

Die frage sollte nicht lauten, kann ich dass für mich persönlich auch nutzen?

Nein, meiner Meinung nach ist es sehr wichtig dieses erlangte Wissen zum Bestandteil deines eigenen Lebens zu machen. Du solltest dein individuelles Gleichgewicht der Teile zwischen **GESUNDHEIT, LIEBE, MACHT, ERFOLG UND REICHTUM** in deinem **Leben** mehr Zeit und Raum widmen.

Die GLMER-Studie zeigt auf, dass von 360 Teilnehmer 310 das Leben, 290 die Liebe und 280 die Gesundheit für sehr wichtig finden allerdings nur 30 die Macht und 160 den Erfolg.

Anhand des Diagramms kannst Du die gesamte Auswertung der GLMER-Studie ersehen. Um zu sehen wie Du dich selbst dort wieder finden kannst, habe ich den Fragebogen als PDF-Datei in meinem Blog roemischercoaching.com zum ausdrucken hinterlegt. Viel Spaß bei deiner persönlichen Auswertung!

Moderne Manipulationen...
(erkennen und abwehren)

Wer kennt die Situation nicht?

Smartphone, Computer, Fernseher oder andere Sachen gehen kurz nach der Garantiezeit kaputt. Sie zu reparieren kosten meistens fast so viel wie sich was Neues anzuschaffen. Also schmeißen wir weg und kaufen neu nach, doch das hört nicht auf, es wiederholt sich immer wieder, denn wir sind eine Wegwerfgesellschaft geworden.

Qualität ist nicht mehr das, was es mal war und das hat auch bestimmte Gründe. Ein Grund ist die Marktwirtschaft am laufen zu halten und Wachstum zu generieren. Wie Puppen werden wir geleitet und uns wird das eine oder andere suggeriert um uns dort zu haben, wo wir eigentlich nicht hinwollen aber um zur Gesellschaft zugehörig zu sein, bleibt uns in den meisten Fällen nichts anderes übrig wie uns zu fügen.

Seit eh und je werden wir manipuliert und/oder manipulieren selbst. Was das schlimme daran ist, dass wir die Eingriffe meistens nicht erkennen und sie somit einfach geschehen lassen. Deshalb habe ich mich heute für das Thema Moderne Manipulation entschieden, sowie diese zu erkennen und abzuwehren.

Manipulationen kommen überall vor, sowohl in der Werbung als auch in der Politik, im Verkauf sowie bei der Arbeit ja sogar in unserem normalen Umfeld einfach überall.

Sie werden auf die verschiedenen Wege unserer Sinneswahrnehmungen **VAKOG** übermittelt und durchgeführt.

Die 5 Sinneswahrnehmungen sind:

- **V**isuell (Sehen)
- **A**uditiv (Hören)
- **K**inästhetisch (Fühlen)
- **O**lfaktorisch (Riechen)
- **G**ustatorisch (Schmecken)

Marktforschungsinstitute arbeiten mit Psychologen zusammen, sie führen gemeinsam Tests mit freiwilligen Personen durch, um daraus resultierend für uns die perfekten Produkte zu erschaffen. Somit werden unsere Sinne getäuscht und wir verfallen in ihrer Falle (eine Art Kaufrausch entsteht), welchen jeder von uns kennt. Politiker packen uns dort, wo wir es am wenigsten vermuten und dabei glauben wir dass sie aus unserem Innern sprechen und dass sie unserer Meinung sind. Dies ist jedoch ganz anders als es aussieht, unsere Wünsche, Ziele, sowie unsere tiefsten Gefühle werden analysiert und ausgewertet, wonach sie anschließend zusammen mit anderen (nicht von uns gewünschten Zielen), wieder gegen uns eingesetzt werden.

Diese und viele andere Situationen geschehen Tag täglich um uns herum, sie werden immer mehr, so dass wir kaum noch in der Lage sind sie zu erkennen, geschweige denn sie abzuwehren.

Doch es gibt immer Wege um Manipulationen abzuwehren oder zumindest sie einzuschränken. Einige möchte ich dir kurz näher bringen. Das ganze ist etwas komplexer, so dass ich sie nur kurz anschneiden kann und werde. Für weitere Antworten kannst Du mich jedoch gerne unter sebastian.roemischer@gmail.com kontaktieren.

Wie kann ich mich wehren?

Zum Beispiel durch die Anwendung von **Brainwaves** einer wissenschaftlich erprobten Methode, welche immer weiter entwickelt wird. Mit Hilfe dieser ist es unter anderem auch möglich, manipulative Eingriffe abzuwehren.

Brainwaves sind Gehirnwellen in α-, β-, γ-, θ-Frequenzbereichen, welche in einer bestimmten Zusammenstellung positiv oder negativ beeinflussen können.

Eine andere Methode sind **Subliminals**. Subliminals können einzeln angewandt werden oder mit **Brainwaves** zusammen. Mit **Subliminals** werden jedoch **Brainwaves** verstärkt, woraus auch eine bessere Abwehr der manipulativen Eingriffe möglich ist.

Subliminals sind unterschwellige Botschaften beziehungsweise Befehle in bestimmten Frequenzbereichen, welche für das menschliche Ohr nicht bewusst hörbar und/oder für die menschlichen Augen nicht bewusst sichtbar sind.

Mit Hilfe von **Biofeedback-Geräten** sind die Reaktions- und Wirkungsweisen auf **Brainwaves**, **Subliminals**, sowie auf manipulative Eingriffe, sehr gut messbar und kontrollierbar.

Biofeedback-Geräte sind Geräte welche die nicht bewusst wahrgenommenen Vorgänge im Körper (z.B. den Herzschlag), durch geeignete Sensoren registrieren und über eine akustische oder visuelle Rückmeldung (z.B. Darstellung am Bildschirm) diese Vorgänge in dem Bereich der bewussten Wahrnehmung rücken, wie zum Beispiel der Lügendetektor.

Mit verschiedenen Mentaltechniken wie zum Beispiel mit **NLP**, **Hypnose** und einige anderen, können die manipulativen Eingriffe gesteuert, ja sogar erfolgreich abgewehrt werden. Ungewünschte Denk- und Verhaltensmuster können neu geändert beziehungsweise neu programmiert werden.

NLP = Neurolinguistisches Programmieren:

- **N**euro - Neuronale Prozesssteuerung des Verhaltens, wobei die Wahrnehmung über das
  Nervensystem und über die 5 Sinne gefiltert wird.
- **L**inguistisches - Die sprachliche Kodierung unserer Kommunikations- und Verhaltensmuster.
- **P**rogrammieren - Die Veränderung (Umprogrammierung) der gelernten Denk- und Verhaltensmuster in konstruktives Denken und erwünschtes Verhalten durch Interventionen.

Hypnose = Künstlich herbeigeführter meditativer Zustand um gewünschte Veränderungen zu realisieren.

Als ausgebildeter **Hypnose-Coach TMI®** habe ich erfolgreich Menschen zu ihren Zielen begleitet und unterstützt, sehr oft war die Abwehr von manipulativen Eingriffen dabei. Dabei wendete ich nicht nur die eigentliche **Hypnose** als solches an, sondern auch **Brainwaves**, **Subliminals**, **Biofeedback**, **NLP** und **andere Methoden**, je nach der situativen Problematik.

Ich hoffe dir einen kleinen Einblick in die Moderne Manipulation und seiner möglichen Abwehr gegeben zu haben. Mein Wunsch an dir ist, einen kleinen Denkanstoß zu bewirken, damit Du sensibler mit deinem Umfeld wirst und bist.

Freundschaft oder Bekanntschaft...
(und wie sieht es bei dir in deinem Umfeld aus?)

Die Entwicklung von Freundschaften geht in einer sonderbaren Richtung. Nach meinen Beobachtungen und Forschungen darüber ist eine bestimmte Tendenz sehr präsent. Die Rede ist vom Profit.

Wie das?

Ganz einfach, eine Freundschaft in der jetzigen modernen Gesellschaft ist meistens nur dann eine, wenn man voneinander profitiert. Was jedoch nicht unbedingt Geldbedingt sein muss. Natürlich gibt es Ausnahmen, welche eher die Regel sein müssten, doch die Tendenz entwickelt sich leider seit Jahren anders.

Man kann fast sagen, dass die meisten sogenannten **"FREUNDSCHAFTEN"** sich eher zu Bekanntschaften entwickeln.

Wach endlich auf und achte auf dein Umfeld, auf deine Freunde und vor allem auf dich selbst!

Das passiert nicht unbedingt bewusst, meistens und zum Glück ist es eher unbewusster Natur. Es ist schon schlimm genug wenn es passiert aber es nicht einmal zu bemerken, finde ich persönlich viel schlimmer.

Die heutige moderne Gesellschaft zwingt uns zu vielem, wenn wir dazu gehören wollen. So banal es auch klingt aber wir sind selbst daran schuld. Wir sind auch selbst dafür verantwortlich was wir denken, wie wir handeln und vor allem was wir zulassen.

- **Kann ich was ändern?**
- **Will ich überhaupt was ändern?**

Oder lasse ich weiter alles wie bisher aus Mangel an Willensstärke, zu wenig oder gar kein Durchsetzungsvermögen, ja vielleicht auch aus einer Portion Faulheit auf mich einwirken. Das sollst Du am besten für dich selbst entscheiden und beantworten.

Jedenfalls kann ich dir an dieser Stelle nur meine Hilfe und Unterstützung anbieten, wenn Du was wirklich ändern willst und bereit bist dich positiv zu verändern.

Freundschaften sind viel mehr wie nur Gegenleistungen zu erwarten oder noch schlimmer sie zu verlangen. Freundschaften sind viel mehr innere seelische Verbindungen, welche eher mit dem Herz als mit dem Verstand entschieden werden sollten. Was jetzt allerdings nicht heißen soll das Du dein Gehirn generell aussetzen sollst und um naiv zu sein.

SelbstHypnose...
(und die Hypnose)

Das geführte Interview mit Günter Pohl hat mich sehr berührt und ich wünsche ihm alles erdenklich Gute, sowohl für seine persönliche als auch für seine berufliche Zukunft.

- **Was ist eigentlich Selbsthypnose?**
- **Wie fühlt sie sich an?**
- **Ist sie gefährlich?**
- **Kann sie mir schaden?**
- **Was kann sie bei mir bewirken?**

Es gibt viele Möglichkeiten sich selbst zu verändern. Eine bewährte Methode ist die Selbsthypnose. Sie ist leicht zu erlernen und mit etwas Übung auch leicht anzuwenden. In dem Wort Selbsthypnose steckt bereits die Antwort, was Selbsthypnose ist, nämlich sich selbst zu hypnotisieren.

Ha, ha, würde der eine oder andere sagen, jetzt weiß ich genauso viel wie vorher auch nur nicht was sie eigentlich ist.

Ok, das selbst wäre geklärt, vielmehr müsste die Frage lauten:

Was ist eigentlich Hypnose?

Das ist natürlich nicht in zwei Sätzen erläutert. Je nach dem aus welcher Sicht man die Hypnose definieren würde, wäre die Erläuterung anders, dennoch ähnlich. Ich werde trotzdem versuchen dir einen kleinen Einblick in die Welt der Hypnose zu verschaffen.

Hypnose ist über 6000 Jahre alt und wurde in den verschiedensten Schichten der Gesellschaft angewandt, sowohl positiv als leider auch negativ.

Aus einer Sicht ist die Hypnose eine Mentaltechnik, eine bewehrte Methode welche sehr schnell zum gewünschten Ziel führt.

Aus eine anderen Sicht ist die Hypnose eine manipulative Methode um Beeinflussung und Macht auszuüben.

Die Hypnose hat zwar was göttliches, jedoch auch was teuflisches in sich und das Ganze mit einem hauch Esoterik.

Die Hypnose ist eine Art Meditation welche durch künstlich herbeigeführte Trancezuständen erzeugt wird, wodurch man die gewünschten Ergebnisse sowohl schneller, effektiver als auch effizienter erreichen kann.

Anders gesagt ist die Hypnose eine Art Schlaf, wobei das Bewusstsein wacher als im normalen Wachzustand ist.

Die Hypnose fühlt sich sehr angenehm an, sie ist wie Balsam für Körper, Geist und Seele. Alles kommt zur Ruhe und Ausgeglichenheit, wodurch sich alles entspannt.

Hypnose ist grundsätzlich was Gutes und was sehr angenehmes, jedoch in falschen Händen kann Hypnose auch schaden, vor allem wenn sie manipulativ und zu negativen Zwecken eingesetzt wird. Nicht jedoch Selbsthypnose, denn regulär tut sich der Mensch nur gutes an. Ausnahmen gibt es natürlich immer, genauso wie auch Schwarze Schafe überall zu finden sind.

Hypnose kann auch gefährlich werden bei Kontraindikatoren wie Epilepsie; bei bestimmten psychischen Erkrankungen wie z.B.: Schizophrenie; bei geistig Behinderten; und auch bei Menschen mit bestimmte körperlichen Leiden; aber auch bei inkompetente Behandlungen von Hypnotiseuren/Hypnosetherapeuten; und schließlich bei manipulativ und negativ eingesetzten Methoden. Ethik vorausgesetzt.

Somit könnte zwar Hypnose gefährlich werden und auch schaden, nicht jedoch die Selbsthypnose.

Mit Hypnose kann man fast alles erreichen und vor allem schneller, effektiver und effizienter als mit anderen Methoden.

Einige Beispiele sind:

- *Rauchfrei*
- *Gewichtsreduktion*
- *Besser schlafen*
- *Selbstheilungskräfte aktivieren*
- *Schmerzabschaltung*
- *Tiefenentspannung*
- *Charisma stärken*
- *Selbstbewusstsein stärken*
- *Superlearning*
- *Mentaltraining*

...usw. um nur einige zu erwähnen.

Die Möglichkeiten sind jedoch fast unbegrenzt, von Partnerfindung, zu sexuellen Problemlösungen, bis hin zur Erreichung aller gesteckten Ziele und Wünsche.

Ich behaupte das Hypnose/Selbsthypnose das bewirkt, was man sich wirklich wünscht und vor hat zu erreichen.

Seit 2009 biete ich erfolgreich Kurse zur Erlernung der Selbsthypnose an. Ich freue mich jedes Mal zu sehen, wie die Teilnehmer an ihr Potenzial wachsen und sich weiterentwickeln.

Ich hoffe dir hiermit einen kleinen Einblick in die Welt der Hypnose/SelbstHypnose verschafft zu haben.

Zeitmanagement...
(10 effektive Tipps)

Hast Du auch schon mal daran gedacht?

- Der Tag hat nicht genug Stunden.
- Ich kann meine Aufgaben nicht erledigen / bewältigen.

Wenn ja, ist dieser Artikel genau das richtige für Dich!

Hier habe ich 10 Tipps für Dich wie auch Du die Balance zwischen deinem privaten und beruflichen Leben leichter meistern kannst.

1. **Definiere deine Ziele und Strategien!**

Konkretisiere sowohl deine kurzfristigen als auch deine langfristigen Wünsche und Ziele. Je besser Du sie kennst, umso einfacher kannst Du Entscheidungen treffen was zu tun ist um dann entsprechend planen zu können.

2. **Setze Dir Prioritäten!**

Konzentriere dich auf das Wesentliche um produktiver und effizienter zu werden und zu sein. Erschaffe dir (d)ein Fundament, eine starke Basis und der Rest kommt dann wie von selbst.

3. **Plane deine Zeit!**

Trage alle deine Termine in deinem Kalender ein und setze dir dabei einen realistischen Zeitblock um Ängste und Frustrationen zu minimieren oder sogar zu eliminieren. Somit ist und bleibt dein Fokus auf das Wesentliche.

4. **Sage „Nein“!**

Lerne „Nein“ zu sagen! Prüfe deine Termine und deinen Kalender bevor Du was Neues zusagst. Lasse nicht zu das andere dich von deinen Zielen ablenken.

5. **Arbeite mit System!**

Es gibt zahlreiche Systeme, für mich persönlich haben sich 2 davon bewehrt. Einmal „OneNote“ von Microsoft, für alle meine Ideen, Notizen, Arbeiten, Bilder, Links usw. und den „Google Kalender“ für meine Termine, ToDo's und Erinnerungen.

6. **Kontrolliere ob dein Vorhaben brauchbar / machbar ist!**

Manchmal ist es besser etwas nicht zu tun um vielleicht mit was anderem effektiver und effizienter zu sein. Ist das, was Du vorhast wichtig? Brauchst Du das wirklich? Oder hält es Dich nur von deinem Ziel ab.

7. **Delegiere!**

Kurzfristig gesehen ist es besser alles selbst zu erledigen, so denken wir meistens zumindest. Jedoch wenn Du erfolgreich sein willst, solltest Du langfristig denken und somit gewisse Aufgaben von anderen durchführen lassen, damit Du mehr Zeit für das Wesentliche hast.

8. **Wiederhole dein Erfolg!**

Kannst Du dich an deinem letzten Urlaub erinnern? Und kannst Du dich auch daran erinnern, wie viel du davor geschafft hast, um alles bis zum Urlaubsbeginn erledigt zu haben? Worauf hast Du deinen Fokus gelegt? Was war deine Strategie? Und genau das kannst Du jedes Mal benutzen um deine neuen Ziele immer wieder zu erreichen.

9. **Halte dein Leben im Gleichgewicht!**

Zeitmanagement = Lebensmanagement! Plane dein privates Vorhaben genauso ein wie dein berufliches und nehme dir zwischendurch auch mal eine Auszeit. Nur so kannst Du die Balance in deinem Leben bekommen und erhalten.

10. **Schließe den Tag ab!**

Räume deinen Arbeitsplatz am ende des Tages auf! Mach dir Notizen oder setzte dir Erinnerungen, was am nächsten Tag zu erledigen ist und setzte dir Prioritäten! Du wirst am nächsten Tag weniger Sorgen haben und um ein vielfaches effizienter.

Sage nicht, dass du zu wenig Zeit hast, denn auch Du hast die gleiche Anzahl von Stunden am Tag wie zum Beispiel Leonardo da Vinci, Albert Einstein, Michelangelo oder sonst wer.

Ich hoffe dir hiermit einen kleinen Einblick in die Welt des Selbst- und Zeitmanagements verschafft zu haben und wünsche dir viel Spaß bei der Umsetzung.

Selbstbewusstsein stärken...
(10 effektive Tipps)

Wenn Du immer nur das tust, was Du bisher getan hast, wird auch weiterhin alles so bleiben wie bisher.

Lerne wiedermal was Neues, verändere bestimmte Abläufe, wechsle dein Umfeld wenn nötig und lasse Altes los.

Neue Veränderungen tragen zur Stärkung deines Selbstbewusstseins enorm bei.

Und hier sind meine 10 Tipps zur Stärkung deines Selbstbewusstseins:

1. **Lächle öfters**

Wenn Du zwischendurch öfters mal lächelst, werden positive Hormone freigesetzt, das macht dich glücklicher und fühlst dich um ein vielfaches besser.

2. **Sei optimistischer**

Verändere bestimmte Gedankenmuster, denke positiv, denn bekanntlich werden Gedanken zur Materie und sicherlich wirst Du nicht wollen dass Negatives allgegenwärtig wird.

3. **Gehe Aufrecht**

Achte auf einen aufrechten Gang, mit gehobenem Haupt und herausgestrecktem Brustkorb. Wir neigen öfter zur gebückten Haltung deshalb ist wichtig immer wieder daran zu arbeiten und das Verhalten zu korrigieren.

4. **Mehr Achtsamkeit**

Um deinen Gedankenchaos zu minimieren ist Achtsamkeit ein sehr guter Weg. Achte mehr auf deine Bedürfnisse und auch auf die Bedürfnisse deines Umfelds.

5. Lebe bewusster

Lebe bewusster in dem du dich mehr liebst und akzeptierst, achte auf die Bewahrung deiner Gesundheit in dem Du dich bewusst ernährst und Sport machst und genieße jeden Augenblick deines Lebens.

6. Hindernisse überwinden

Stelle dich deinen Ängsten, setzte dir dabei kleinere und überschaubaren Ziele, welche Du auch erreichen kannst. Wenn was unmöglich erscheint, glaube in erster Linie daran, dass Du es erreichen kannst, anschließend welche Möglichkeiten zur Erreichung beitragen kann oder könnte und schließlich wie Du beginnst und weiter vorgehst.

7. Mache mal eine Gute Tat

Es gibt viel Leid und Hilfebedürftigkeit auf dieser Welt, helfe jemandem, gib einen Obdachlosen was zu essen oder zu trinken, mach eine Spende oder sei einfach für jemand da, der dich in dem Moment braucht oder vielleicht sich auch nur ausweinen möchte.

8. Ziele erreichen

Mit der Erreichung aller Ziele, so klein sie auch zu scheinen mögen, trägt das Ergebnis zur Stärkung deines Selbstwertgefühls bei und dein Selbstbewusstsein wächst.

9. Stärken maximieren

Um deine Schwächen zu minimieren solltest Du deine Stärken maximieren. Lerne deine Stärken kennen, arbeite an ihnen und stärke sie, somit ist Wachstum garantiert.

10. Glaubenssätze überarbeiten

Jeder von uns hat Glaubenssätze, manche aus der Kindheit, manche von Eltern oder Umfeld und wiederum welche wir uns selbst aus bestimmten Erfahrungen angeeignet haben. Manche davon sind auch richtig und wichtig, jedoch einige sind vielleicht veraltet und eher störend in unserem weiteren Leben. Hinterfrage deshalb deine Glaubensätze und verändere sie wenn nötig.

In jedem Augenblick ist das **SELBST** allgegenwärtig, mache dir das zu jeder Zeit **BEWUSST**! Glaube an dich und an deinen Fähigkeiten. Dadurch stärkst Du um ein vielfaches sowohl dein Selbstwertgefühl, als auch dein Selbstbewusstsein.

Ich hoffe dir hiermit zur Stärkung deines Selbstbewusstseins beigetragen zu haben.

Finde dein Gleichgewicht!...
(zwischen Körper, Geist und Seele)

In der heutigen Zeit geht es nicht mehr nur um gut oder besser zu sein, nein es geht vielmehr darum schneller und besser zu sein als die anderen. Die Zeit entwickelt sich rasant und genau das selbige wird von uns Tag für Tag erwartet. Ja, es wird sogar von uns erwartet, dass wir das Unmögliche bereits schon erledigt haben und das am besten schon bevor wir damit begonnen haben.

- **Doch geht das und wie lange geht das gut?**
- **Wann ist unsere Grenze erreicht und was passiert dann mit uns?**
- **Was passiert mit unser Körper, Geist und Seele?**

Verschiedene Belastungen bombardieren uns Tag für Tag und wir bewältigen sie mit Hochleistung und Bravur immer wieder aufs Neue. Wir sind jedes Mal froh darüber es wieder geschafft zu haben. Und dann kaum haben wir mit der einen Sache oder Situation abgeschlossen oder sogar während wir noch am bewältigen sind, stehen schon die nächsten Aufgaben zur Erledigung bereit.

Stress ist unser ständiger Begleiter und den merken wir eigentlich sehr früh, nur dagegen was tun, dass ist halt so eine Sache.

Nach dem Motto:

„Ich kann alles und mir passiert nix!“

Ja klar, denn jeder von uns hat ein Telegramm erhalten und darin stand:

„Liebe/r (dein Name), ab sofort kannst Du alles machen, davon so viel und so oft Du nur willst, dir jedoch wird nix geschehen. Viele Grüße dein (Name Absender)“

Stress kann zu vielem führen nur nicht zur Erhaltung des Gleichgewichts zwischen Körper, Geist und Seele. Durch Stress ist oftmals von Übermüdung, Schlaflosigkeit bis hin zur völliger Erschöpfung die Rede und somit kann es zu Burnout, Herzinfarkt oder sogar zum Schlaganfall führen. Wir machen dennoch weiter, denn wir wollen schließlich besser und schneller sein als andere.

Entschuldige bitte meine Ironie aber mich regt es auf zu sehen, wie die meisten von uns vor die Hunde gehen. Ich möchte so viele wie möglich, am liebsten alle erreichen und hiermit wachrütteln.

Es reicht schon wenn Du dir etwas Auszeit nimmst und ich meine damit nicht die paar Stunden, die Du schläfst. Vielmehr meine ich, dir bewusst eine Auszeit zwischendurch zu nehmen ohne Ablenkungen und ohne Medien. Wirklich nur Zeit für dich zu haben und mit dir selbst zu sein und dabei zu entspannen.

Doch was soll ich machen?

Und da haben wir es wieder **MACHEN**, Du sollst eben nichts machen! Einfach nur entspannen, zum Beispiel Meditieren, Autogenes Training, Progressive Muskelentspannung, Selbsthypnose, Yoga, vielleicht lässt Du deine Gedanken einfach mal schweifen oder hältst eine kleines Nickerchen.

Es gibt unzählige Möglichkeiten, such dir das für dich das Passende aus und genieße es. Genieße es zu atmen, zu sehen, zu hören, zu sprechen, zu riechen, zu schmecken, zu fühlen, dich bewegen zu können, zu lieben und leben zu können, denn viele haben nicht diese wunderbaren Geschenke erhalten oder haben sie im Laufe der Zeit abgenommen bekommen.

Ich bin mir sicher, dass dir einiges mehr einfällt was Du genießen kannst und was dich glücklich macht. Nur zu, denn Du hast nur dieses eine Leben, zumindest in dieser sterbenden Hülle in der Du dich zurzeit befindest, genieße es bevor es zu spät ist.

Ich hoffe dich hiermit etwas wachgerüttelt zu haben, damit Du dir selbst was Gutes tust und Du einen Weg findest um das Gleichgewicht zwischen deinem Körper, Geist und Seele wieder findest und/oder weiterhin erhältst.

Angst... Neid... Schmerz...
(und das Gesetz der Resonanz)

Neid ist Angst und Missgunst anderen gegenüber.

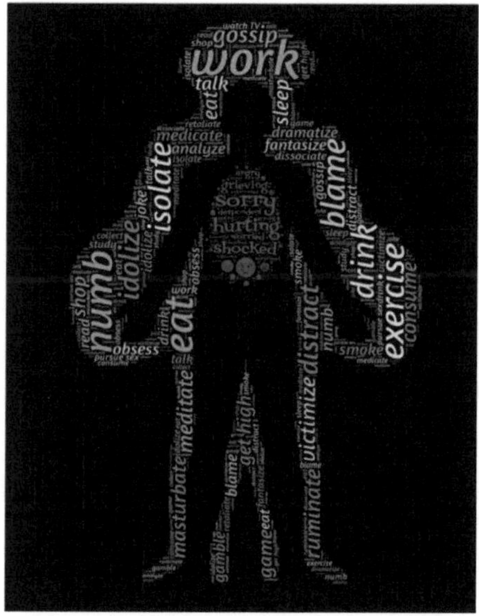

- **Doch warum bin ich neidisch?**
- **Wovor habe ich Angst?**
- **Warum gönne ich anderen nicht wirklich?**

Psychologisch gesehen hat alles eine Ursache, einen sogenannten Grund hinter dem Grund. Doch nach dem universellem Gesetz folgt nach jeder Ursache auch eine Wirkung. Somit schließt sich vorerst der Kreis, zumindest nimmt man es an.

Doch das ist ein Trugschluss, denn damit hat man lediglich nur den Grundstein gelegt. Nach jeder Ursache folgt eine Wirkung und jede Wirkung hat eine Ursache, worauf wieder eine Wirkung folgt usw. Eine nicht endende Spirale wird dadurch in Gang gesetzt.

Doch genau darüber machen sich meistens viele von uns keine Gedanken, wir sind eher egoistisch veranlagt.

Nach dem Motto:

"Hauptsache ich, der Rest ist zweitrangig."

So gesehen tust Du dir genau das an, was Du eigentlich vermeiden möchtest. Vielleicht aus Unwissenheit oder genau wegen dem Egoismus.

Egoismus macht bekanntlich blind. Du bist so sehr mit dir selbst und mit deinen Bedürfnissen beschäftigt, dass Du anfängst Fehler zu machen und dabei gegen die Naturgesetze verstößt.

Damit passiert dann:

"Wie man in den Wald schreit, so hallt es wieder zurück!"

Die Retourkutsche folgt unaufgefordert eher früher als später!

Doch dann heißt es immer wieder:

"Ich habe immer nur Pech im Leben und alle sind nur gegen mich."

- **Doch ist das wirklich so?**
- **Oder liegt es vielleicht doch an jeden einzelnen von uns wie wir denken und handeln?**

Wie auch deine Antwort ausfällt, ist es immer deine Ansichtssache. Es hängt immer davon ab, aus welcher Perspektive die Ansicht ist und dementsprechend fällt dann die Antwort aus.

Die Ursache von Angst könnte existenzieller Natur sein, ein Urinstinkt um zu überleben. Um jedoch Angst zu bewältigen, brauchst Du in erster Linie Verständnis. Arbeite lieber mit dem Gesetz der Resonanz, statt dagegen und Du wirst positiv belohnt.

Wende die größte und bekannteste Macht an, die Liebe. Denn, wer liebe seht, erntet Liebe und wer viel Liebe seht, erntet viel Liebe.

Das ganze Leben ist ein nicht endender Prozess, je mehr Wissen Du erlangst, es anwendest und immer wieder für dich optimierst, desto mehr Erfahrung sammelst Du in deinem Leben und desto fortgeschrittener der Prozess deines Lebens.

Einige finden das ganze eher komplex und vor allem sehr kompliziert, so dass sie es meiden so zu denken und zu handeln. Kurzfristig mag das einfacher sein, jedoch langfristig ist es eher kontraproduktiv. Das wäre in etwa so, als wenn Du dich selbst verletzt und dich dann wunderst dass es schmerzt.

Wenn Du neidisch bist, verletzt Du dich selbst und nicht die anderen, gönne ihnen mehr und Du erntest mehr Belohnungen, liebst Du mehr, wirst Du auch mehr geliebt.

Das Prinzip ist einfach, fühlt sich besser an und macht auch viel mehr Spaß. Jeder von uns will grundsätzlich gutes, schon wenn man nach dem Gesetzt der Resonanz ausgeht.

Steh zu dir!...
(und die 5 Freiheiten)

Ich hatte letztens eine Unterhaltung in einem Café gelauscht worüber ich mir dann anschließend sehr viele Gedanken gemacht habe...

Um die eigene Entwicklung entfalten zu können, ist sehr wichtig sich selbst wahrnehmen zu können und zu sich selbst zu stehen. Nutze deine Freiheit!

Aber welche? Wenn ich sie nicht kenne.

Es gibt 5 Freiheiten:

1. Die Freiheit zu sehen und zu hören was ist und nicht zu sehen und zu hören was sein könnte, sollte oder wird.
2. Die Freiheit zu sagen was Du fühlst und was Du denkst und nicht was Du darüber sagen solltest oder musst.
3. Die Freiheit um zu bitten was Du möchtest, statt immer dafür auf Erlaubnis zu warten.
4. Die Freiheit zu fühlen was Du fühlst und nicht das was Du fühlen solltest.
5. Die Freiheit zu wagen was dich reizt, statt immer nur „SICHERHEIT" zu wählen und um das Boot nicht zum kentern zu bringen.

Das sind die wichtigsten Freiheiten für deine Persönlichkeitsentwicklung, die 5 Freiheiten die Du nutzen solltest, um zu wachsen und um dich weiterentwickeln zu können.

Jeder Mensch ist im Laufe seines Lebens geprägt worden. Das ganze fing schon nach der Geburt an, wenn nicht schon früher im Mutterleib. Doch bleiben wir bei nach der Geburt, denn dort ist es einigermaßen nachvollziehbar.

„Zeige mir dein Umfeld und ich sage dir wer Du bist!"

Unser Umfeld prägt unser Leben. Dazu habe ich eine kleine Geschichte zum Nachdenken für dich:

Marta und Michael sind seit fünf Jahren verheiratet und haben einen kleinen Sohn, der Markus heißt und im Vorschulalter ist. Marta ist Hausfrau, sie kümmert sich um Markus und um den Haushalt. Michael ist Bauarbeiter und er ist viel auf Montage unterwegs. Er arbeitet sehr hart für das wenige Geld, was er bekommt um damit die ganze Familie ernähren zu können. Urlaub ist für die junge Familie ein Fremdwort und sie kommen gerade so um die Runden.

Markus kommt in die Schule und einige Zeit vergeht, ohne großartige Veränderungen.

Eines Tages, an einem Freitag, kommt Michael etwas früher von der Arbeit nach hause. Er holt sich ein kaltes Bier aus dem Kühlschrank und setzt sich auf die Couch um etwas zu entspannen und sein Feierabend zu genießen. Er schlägt dabei die Zeitung auf und fängt zu lesen an.

Doch dann kommt sein Sohn Markus:

„Hallo Papa, ich habe eine Frage."

Michael antwortet:

„Muss das gerade jetzt sein? Siehst Du nicht dass ich gerade lese? Außerdem bin ich gerade von der Arbeit gekommen und möchte etwas entspannen. Kannst Du nicht die Mama fragen?"

Darauf Markus:

„Ich habe sie bereits gefragt, doch sie meinte ich sollte lieber dich fragen, weil sie die Antwort nicht kennt."

Michael dann schon etwas genervt:

„Dann schieß los Markus, stell deine Frage! Beeil dich aber, ich möchte nämlich meine Zeitung weiterlesen."

Markus stellte seine Frage:

„Papa, bei mir in der Klasse ist der Maik, er hat immer tolle Sachen mit. Heute hatte er einen Ipod mit Musik drauf. In der Pause hörte er es und war sehr glücklich. Ich möchte auch so eins haben. Kannst Du mir einen Ipod kaufen?"

Michael sagte darauf:

„Das können wir uns nicht leisten. Maik, das ist der Sohn von dem Arzt oder?"

Markus dann:

„Ja Papa, sein Papa ist der Hausarzt.“

Michael dann darauf:

„Siehst Du mein Sohn, er hatte studiert und hat einfach viel Glück im Leben. Sie können sich solche Sachen leisten, wir aber leider nicht. Sie sind reich, wir nicht. War das jetzt deine Frage Markus?“

Markus fragte weiter:

„Ja aber wieso hast Du nicht auch studiert oder was anderes gelernt Papa? Dann könnten wir uns tolle Sachen leisten.“

Michael dann etwas nachdenklich und beschämt:

„Weil das Leben es nicht gut mit mir gemeint hatte...und jetzt lass mich meine Zeitung weiterlesen und geh damit deine Mutter weiter nerven...“

Das ist nur ein kleiner Auszug, eine kleine Geschichte doch das Leben, unser Leben ist voll damit.

Was geschieht jetzt mit Markus, um noch kurz bei der Geschichte zu bleiben?

Markus bekommt ein Programm eingepflanzt:

- **Das Leben ist hart und ungerecht.**
- **Nicht alle Menschen haben Glück.**
- **Reiche können sich alles leisten, arme dagegen nicht.**

...usw.

Das prägt sein Leben und wird in diese Richtung gelenkt. Markus hat gar keine Chance die Situation anders zu sehen, denn sein Vater ist sein Vorbild und was sein Vater sagt, das stimmt auch.

Wenn Michael zu seinen gemachten Fehler gestanden hätte, die er damals gemacht hatte und es seinem Sohn auch so erzählt hätte dann würde Markus die Situation vielleicht anders sehen.

Dann würde vielleicht Markus ein anderes Programm bekommen, nämlich dass er die ihm gegebenen Chancen nutzt und das jeder die gleichen Möglichkeiten, sowie Glück im Leben haben.

Vor allem wäre Markus eines klar, dass jeder für die Gestaltung seiner Zukunft und seines Lebens selbst verantwortlich ist.

Wie Du dich auch in deinem Leben entscheidest, denke immer daran dass Du selbst verantwortlich bist ob Du lieber der Arzt oder doch nur der Bauarbeiter aus der Geschichte wirst.

Der Problemlöser...
(und wie Du zu einem wirst)

- **Wie sieht deine alltägliche Problematik aus?**
- **Wie gehst Du damit um?**
- **Wie zum Beispiel bei Streitereien?**
- **Wie bei Schwierigkeiten mit Geld?**
- **Oder bei Krankheiten?**

...usw.

Eine oft genutzte Möglichkeit, ist das Problem einfach zu ignorieren, was beim näherem Betrachten gar kein so schlechter Weg ist, denn viele Probleme erledigen sich dadurch fast von selbst.

Was tun aber wenn deine Probleme, dadurch nicht weggehen?

Viele neigen dann eher darüber nachzugrübeln und zu jammern, statt das Problem aktiv anzugehen.

Im einzelnen sieht das Ganze dann so aus, dass Du dich oft, über längere Zeit hinweg und vor allem sehr intensiv mit dem Problem beschäftigst.

Dabei tauchen Fragen auf, wie:

- **Wieso sind alle nur gegen mich?**
- **Warum passiert das immer nur mir?**
- **Wie konnte das nur passieren?**
- **Wie konnte ich nur so blöd sein?**
- **Wie konnte sie/er mir das nur antun?**
- **Wieso kann es in meinem Leben nicht einfach mal gut laufen?**
- **Womit habe ich das nur verdient?**

- **Wieso immer nur ich?**

...usw.

Diese oder ähnliche Gedanken können auftauchen, doch das schlimme dabei ist, dass es sich immer und immer wiederholt. Diese Gedanken können dich ganz schnell in einen negativen Kreiß führen, woraus Du leider nicht so schnell wieder herauskommen kannst, vor allem nicht aus eigener Kraft.

Doch diese Vorgehensweise ist natürlich und kommt leider viel zu oft vor. Du drehst dich dabei im Kreis, vielleicht aus Unwissenheit oder sogar aus Dummheit und dass manchmal Tage, Wochen ja sogar Jahre lang. Es ist ein Automatismus, ein Muster, was sehr viele Menschen annehmen und leider auch so erleben.
Zielführend ist das alles jedoch nicht, im Gegenteil, es wird von einem Moment zum nächsten immer schlimmer und verbraucht dabei nur unnötig die eigene Energie. Das macht dich wenn Du so denkst oft krank und deprimiert.

Doch zum Glück gibt es auch die positive Kehrseite dessen, um mit Probleme umzugehen. Da Du weißt, dass Probleme immer wieder auftauchen, solltest Du diese vorerst analysieren und dann Zielorientiert angehen und bearbeiten.

Eine mögliche Vorgehensweise könnte vielleicht sein, dir folgende Fragen zu stellen:

- **Was ist das Problem genau und wie soll es stattdessen sein?**
- **Wie kann ich das Problem verkleinern und im besten Fall sogar lösen?**
- **Wer könnte mich bei der Lösungsfindung unterstützen?**
- **Welche Möglichkeiten gibt es, welche Lösungsansätze?**
- **Kenne ich solch eine ähnliche Situation und wie wurde sie gelöst?**
- **Welches Wissen fehlt mir noch und woher kann ich es mir holen oder aneignen?**
- **Was könnte ich ändern, wo könnte ich mich verändern?**
- **Was wurde bereits versucht?**
- **Was war gut und hat was gebracht, und was nicht?**
- **Wie kann ich mehr von dem, was bereits etwas gebracht hatte erlangen und sogar tun?**
- **Was sind die nächsten, konkreten Schritte?**
- **Wie beginne ich die Sache, wie gehe ich vor?**

Viele deiner Probleme können durch solche und ähnliche Fragen gelöst werden, sie sind Zielorientiert, machen stark und geben neue positive Energie. Jedoch nur dann, wenn Du darauf auch eingehst und die alten Muster nicht wieder einkehren lässt. Voraussetzungen dafür sind unter anderem das aktive Vorgehen, Hilfe suchen und sich vor allem helfen lassen, wenn Du dich selbst nicht aus solch einer Situation und aus eigener Kraft herausholen kannst.

Manchmal ist es ein langer Weg und es klappt meistens nicht beim ersten Versuch, jedoch durch wiederkehrende Wiederholungen, verändern sich deine Negativmuster zu Positivmuster und führen dich zu deinen gewünschten Zielen.

Wir Menschen, können nur aus Fehlern lernen und dadurch positive Veränderungen herbeiführen, einige alleine, jedoch andere durch die Hilfe anderer.

Zusammenfassung:

Bei Problemen kannst Du dein Kopf einfach in den Sand stecken, wie der Strauß es ja bekanntlich macht und mache Probleme lösen sich dabei vielleicht von selbst.

Verliert Du die Problematik aus deinen Augen, kann sie sich sehr schnell zu einer noch größeren Problematik entwickeln. Zu jammern und über die Probleme nachzugrübeln ist also nicht effektiv und nicht nützlich. Es macht schwach- und kraftlos, es raubt deine positive Energie und versalzt dein Leben.

Gehst Du dagegen Zielorientiert gegen die Problematik an, passiert genau das Gegenteil, Stärke und Kraft spiegeln sich wieder und dein Leben bekommt wieder einen Sinn und wird versüßt.

Werde zu (d)einem Problemlöser, fange bei Dir an und helfe dann den anderen!

Und nicht umgekehrt.

Meine Welt ist nicht deine Welt!...

(und andere Wahrnehmungen)

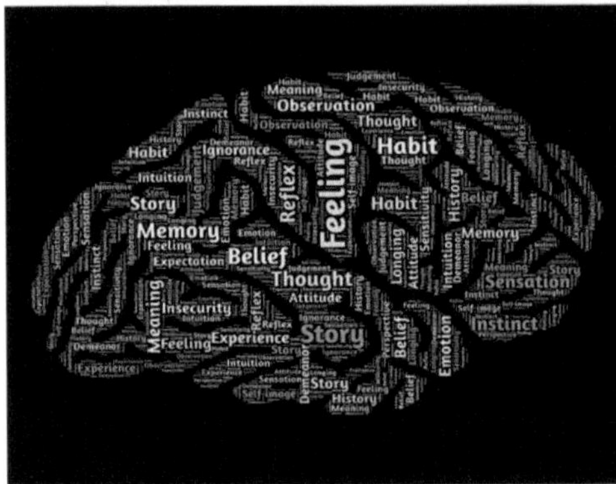

Jeder Mensch hat eine eigene Vorstellung wie sein Leben und sein Umfeld auszusehen hat, wie alles funktionieren und ablaufen soll.

Bis hierhin ist auch alles vollkommen in Ordnung.

Doch da gibt es noch eine glitzerkleine Sache, nämlich ob das alles so auch wirklich in Ordnung ist.

Meines Erachtens ist alles soweit in Ordnung, solange man sich selbst in seiner Welt, bessergesagt in seiner Haut wohl fühlt.

Wie jeder von uns, habe ich selbst auch eine Vorstellung davon und bin mit meiner Welt wirklich vollkommen zufrieden. Ich freue mich jedes Mal darüber was ich erreiche und vor allem dass ich es immer wieder schaffe was ich vorhabe.

Meine Welt ist vollkommen in Ordnung und wenn mir was nicht passt, ändere ich es einfach so, dass es mir gefällt.

Genau das, sagst Du jetzt vielleicht auch und auch Du bist vollkommen davon überzeugt dass deine Welt so ist, wie du es dir wünscht. Wenn nicht dann ändere es einfach so dass Du glücklich wirst und bist.

Doch eine Sache kann ich einfach nicht wirklich verstehen. Es gibt unzählige Menschen, welche überwiegend nur rumjammern. Wenn ihnen jedoch Hilfe, in Form von Lösungen angeboten wird, sie entweder nicht wirklich zuhören oder es nicht mal in Erwägung ziehen wollen, dass es vielleicht doch besser sein könnte. Noch nicht mal eigene Ideen haben, wie es vielleicht besser funktionieren könnte.

Ein Beispiel dazu:

Stell dir vor, eine Familie, Mann und Frau beide um die 60 Jahre alt mit eine Tochter um die 18 Jahre, haben kein fließendes Wasser im Haus. Sie haben jedoch einen Brunnen, welchen sie öffentlich gemacht haben für alle Nachbarn.

So gesehen ist dass eine gute Tat wogegen man nichts sagen kann und will.

Allerdings ändern wollen sie es nicht, da sie der Meinung sind dass die Nachbarn schlecht über sie reden würden. Ob die Nachbarn dann ihnen helfen, wenn sie zu alt sind und keinen Eimer mehr aus dem Brunnen mehr tragen können, seih dahin gestellt.

Eins muss ich noch dazu sagen, eine Änderung, dass fließendes Wasser im Haus ist, ist vom Kostenfaktor her realisierbar und von der Unterstützung sowieso. Aber jeder hat seine Weltvorstellung welchen man respektieren sollte.

Jeder von uns hat eigene Wertvorstellungen, welche nicht unbedingt mit meine oder deine sich decken. Dass ist auch alles legitim und nachvollziehbar, wäre nicht da eine kleine Sache!

Das Rumjammern...

Entweder Du bist mit dem wie oder was Du hast zufrieden und jammerst nicht rum oder du änderst es einfach so, dass Du zufrieden bist.

Ein anderes Beispiel:

Die richtige Kommunikation mit dem aktivem Zuhören und allem was noch so dazugehört, gehört zum gutem Ton einfach dazu.

Ich finde es jedoch nicht nur respektlos, sondern auch unverschämt, dass wenn man sich unterhält, erstens beide Seiten sowohl ausreden als auch zuhören sollten und zweitens dass man die Ideen anderer, nach einer gewissen Zeit als seine eigenen ausgibt.

Auch hier ist mit einer gewissen Toleranz das ganze noch einiger maßen akzeptabel. Währe da nicht ein gewisser Hacken.

Der Hacken ist Pädagogik...

Ich meine damit, dass wenn es kein ungelernter der es nicht anders kennt und weiß, ist es respektlos und unverschämt. Vor allem wenn es sich des Öfteren, bessergesagt immer wieder ereignet.

Ich will hiermit keinen auf dem Schlips treten, will jedoch trotzdem erreichen, dass jeder einzelne, auch Du, besser mit anderen umgeht, besser kommuniziert und vor allem empathischer vorgeht. Das ist uns allen in die Wiege gelegt worden und mit etwas Übung bekommst Du es selbst auch hin.

Positives Denken & Motivation

Yatzy...
(oder Entscheidungen im Leben)

Eine Sache liegt mir sehr am Herzen und möchte es deshalb kurz erläutern:

Jeder Mensch entscheidet generell richtig zum Zeitpunkt seiner Entscheidung und das nach seinem besten Wissen und Gewissen. Ob es danach bzw. später immer noch richtig war, ist dann neu zu entscheiden, da es ein anderer Zeitpunkt ist. Durch andere Einflüsse und anderes Wissen würde man eventuell auch anders entscheiden.

Eine Entscheidung zu treffen ist nicht einfach und vielleicht deswegen geht es hier über Entscheidungen im Leben anhand eines Vergleiches zu dem Würfelspiel Yatzy.

Durch dein Fokus aus einem bestimmten Blickwinkel triffst du eine bestimmte Entscheidung, das Ergebnis deiner Entscheidung ändert sich jedoch, in dem du aus einem anderen Blickwinkel dein Fokus veränderst.

Vielleicht solltest du öfters in dich gehen bevor du eine Entscheidung triffst. Vielleicht solltest du alle Möglichkeiten der aktuellen Situation, die dir in dem Moment in Sinn kommen erst einmal vor deinem innerem Auge durchzuspielen, bevor du deine Entscheidung triffst.

Als ich gestern das Würfelspiel namens Yatzy gespielt hatte, ist mir was interessantes aufgefallen, was ich sehr gerne mit dir teilen möchte und um dich etwas bei deiner Entscheidung zu unterstützen.

Damit auch du diese Erfahrung machen kannst, ist es wichtig das Würfelspiel in zwei Schritten à je drei Spiele mit jemandem, wie folgt beschrieben zu spielen.

Die Original-Spielanleitung, die Geänderte-Spielanleitung und beide YATZY-Tabellen mit ihren jeweiligen Notizfelder habe ich für dich auf meinem Blog roemischercoaching.com als PDF-Datei zum Download bereitgestellt.

1. **Schritt** (ORIGINAL-Spielanleitung)

Spiele das Würfelspiel „YATZY" drei mal durch und zwar genau nach der ORIGINAL-Spielanleitung, trage die Zahlen in die Spieltabelle ein und mache dir Notizen zu deinen Entscheidungen unterhalb im Notizfeld. Sollte der Platz nicht ausreichen, kannst du gerne die Rückseite oder ein weiteres leeres Blatt benutzen.

2. **Schritt** (Geänderte-Spielanleitung)

Alle Regel bleiben wie in der ORIGINAL-Spielanleitung beschrieben bestehen, bis auf die Blöcke: 1 Paar, 2 Paar, 3 Gleiche, 4 Gleiche und Volles Haus. Diese erhalten als Ergebnis immer die volle Punktezahl, unabhängig davon was du würfelst.

Hier ein Beispiel:

Du würfelst drei 1er und zwei 2er und hast somit ein Volles Haus. Du notierst die volle Punktezahl 28 (drei 6er und zwei 5er), statt die 10 wie in der Originalspielanleitung.

Trage auch hier die Zahlen in die Spieltabelle ein und mache dir Notizen zu deinen Entscheidungen unterhalb im Notizfeld. Sollte der Platz nicht ausreichen, kannst du gerne die Rückseite oder ein weiteres leeres Blatt benutzen.

Jetzt nimm beide Blätter, lege sie nebeneinander und achte auf deine Zahlen und auf die dafür gemachten Notizen.

Was fällt dir dabei auf, was hat sich geändert?

Das ist vielleicht nicht die 100 prozentige Lösung, womit du immer die richtige Entscheidung treffen wirst, sondern soll dich auf dein Denken im Leben sensibilisieren, dass es mindestens noch eine andere Möglichkeit gibt, wie du zuerst angenommen hast.

Du entscheidest in allen Fällen immer selbst und trägst dabei auch immer ganz alleine die volle Verantwortung.

Ich hoffe dir ein Stück weitergeholfen zu haben oder zumindest in dir ein positives Nachdenken ausgelöst zu haben. Über dein positives Feedback und deine Erfahrungen freue ich mich bereits jetzt schon.

Ich wünsche dir viel spaß beim ausprobieren und dass auch du eine Erfahrung reicher wirst.

Bist du ein negativ denkender Mensch?
(und wie Du es herausfindest)

Es ist eine Geschichte über eine Frau namens Elena (Name frei erfunden) die Jahre lang an chronische Erschöpfung litt.

Elena ist 38 Jahre alt, Verheiratet, keine Kinder und hat eine tolle Managerposition in einem großen Konzern.

Sie hat zahlreiche Ärzte besucht, ihre Tagesabläufe geändert und sogar ihre Ernährung umgestellt aber nichts hatte geholfen. Bis eines Tages ihr Arzt eine Psychotherapie oder ein begleitendes Coaching empfiehl.

In Zusammenarbeit mit einem Psychotherapeuten und Elena, haben wir herausgefunden dass sie überwiegend Negativmuster hatte. Regelmäßig hatte sie negative Gedanken und ließ sich von ihnen tagtäglich in ihrem leben leiten. Einer ihrer Gedanken "Ich denke oft, dass wenn ich aus dem Auto steige, mich jemand ausraubt oder vielleicht noch schlimmer". In ihrem sozialen Umfeld denkt sie dass niemand sie mag, geschweige denn akzeptiert. Obwohl sie eine erfolgreiche Managerin ist, macht sie sich sorgen über fehlende Mittel beziehungsweise das Ausbleiben des Einkommens. Sie ist mit nichts zufrieden, ihr Ehemann wäre nie gut genug für sie und würde alles falsch machen. Darüber hinaus zählte sie ihre Ärzte auf und vor allem ihre begangenen Fehler.

Negatives Denken verursacht viel Stress für Körper, Geist und Seele. Dann hatte ich Elena gefragt: "Stell dir vor, dies alles würdest du einem Kind erzählen. Wie würde sich das Kind fühlen?" Elena sah ein, dass sich das Kind beängstigt, verwirrt und gestresst fühlen würde.

Aus der Medizin ist es schon längst bekannt dass der Stress einer der Hauptverursacher aller Krankheiten ist und trägt zum Alterungsprozess erheblich bei. Stress setzt das Kampf-Flieh-Reflex frei und aktiviert die Stresshormone Adrenalin und Cortisol was den Körper auf langer Sicht stark ermüden. Das führt schließlich zum Negativdenken. Sowohl Adrenalin als auch Cortisol sind lebensnotwendig, jedoch in gesunden Maaßen.

Elena konnte zwar erkennen und verstehen was sie ihrem Körper antat, konnte jedoch mit ihrem Negativdenken nicht aufhören. In ihrem tiefen Inneren glaubte sie dass ihr Denken sie vor Enttäuschungen schützen würde. Als Schutzmechanismus, welcher sie sich seit sehr langer Zeit zusammengestellt hatte, denkt sie lieber an das schlimmste, bevor es eintreten könnte.

Hinzu kam noch dass sie überzeugt war, ihr Leben so besser zu managen und zu verbessern. Somit dachte sie auch dass man eine bessere Kontrolle über Menschen und ihre Gefühle haben könnte, wenn man negativ denken und handeln würde.

Es ist eine Illusion zu glauben das negatives Denken und Handeln langfristig fördernd für Kontrolle und Managing wären. Die Tatsache war, dass Elena, die vielleicht auf sie zukommenden Ereignisse nicht sehen konnte. Das hat sie unheimlich geärgert und sie stresste sich dadurch noch viel mehr. Ich nenne dass die Negativ-Rückwärtsspirale.

Paradox ist, dass sie mit Ihren Gedanken zu keinem Zeitpunkt in der Gegenwart war, sie stellte sich alle möglichen Ereignisse vor, bevor sie angetreten waren obwohl die meistgedachten Ereignisse nie eintraten. Der wahre Schutz und die Möglichkeit was ändern zu können ist in der Gegenwart und nicht in der Vergangenheit oder Zukunft zu finden.

Elena fühlt sich um ein vielfaches besser und befindet sich immer im fortgeschrittenen Veränderungsprozess welcher noch einige Zeit brauchen wird. Sie muss weiter an ihren Glaubensätze und Gedanken arbeiten, denn nur dann hat sie die Chance auf Erfolg.

Wie die Geschichte weiter ging und was Elena erfolgreich eingesetzt hat, liest Du in meinem nächsten Blog.

Denke positiv!
(und 15 Wege zum positiveren Leben)

Wie ich dir letzte Woche versprochen hatte, gibt's heute die Fortsetzung der Geschichte von Elena.

Wir, der Psychotherapeut und meine Wenigkeit, haben Elena eine Aufgabe gegeben, natürlich erst nach dem sie uns zugesichert hatte, dass sie es endgültig satt hat und endlich bereit sei, ihr Leben mit Freude und positiven Dingen zu füllen.

Die Aufgabe war, 15 vorgegebene Sätze auszuarbeiten, wonach wir erstaunlicher Weise, sehr wenig verändern mussten. Sodann sollte Elena diese 15 Sätze und ihre Bedeutung verinnerlichen und anschließend täglich umsetzen.

Und hier sind die 15 Wege zum positiveren Denken:

1. **Beginne jeden Tag mit einem Lächeln**

Dein ganzer Tag hängt davon ab, wie du ihn beschreitest. Beginne deshalb jeden Tag mit einem Lächeln. Mache dir dafür eine Erinnerung vielleicht als Smiley, bis du es verinnerlichst. Lachen löst positive Hormone frei wodurch dich das positiver werden lässt. Lächele auch öfter zwischendurch. Lachen ist ja bekanntlich die beste Medizin für Körper, Geist und Seele. Genieße jeden Tag und habe spaß.

2. **Die richtige innere Führung**

Glaube an dich selbst und das alles was du tust für dich richtig ist. Kehre in dich ein, achte und höre auf dein Inneres und bald wirst du die richtige Innere Führung erhalten. Alles ist möglich und realisierbar, sobald du daran glaubst und es auch tust.

3. **Plane den Tag im voraus**

Um Fehler zu vermeiden, welche negative Ergebnisse verursachen und dabei dein Denken negativ beeinflussen, ist es besser vorauszuplanen damit dein Denken positiver Natur wird und bleibt. Stelle sicher dass deine Ziele positiv, klar definiert und realisierbar sind und verinnerliche sie. Du kannst das tun wann immer du willst, besser ist es jedoch, wenn du eine gleiche Zeit wählst, damit es in dir übergeht. Zum Beispiel morgens nach dem Aufstehen oder abends vor dem Schlafengehen.

4. **Konzentriere dich auf das Wesentliche**

Ergänze deine Ziele und teile sie in Prioritäten ein (sehr wichtig, wichtig, weniger wichtig und unwichtig). Visualisiere sie als bereits erledigt, stelle dir das richtig vor. Beginne mit dem wichtigstem und arbeite dich langsam bis zum unwichtigem durch. Stresse dich dabei nicht und genieße den Erfolg der bereits erledigten Ziele.

5. **Konzentriere dich auf das Hier und Jetzt**

Das Leben ist wie ein Riesenrad, manchmal bist du oben und manchmal unten. Das bedeutet, dass du mehrmals in deinem Leben sowohl Freude als auch Enttäuschungen erleben wirst. Lasse dich von Misserfolgen nicht unterkriegen. Sei gelassen und mache alles nach deinem besten Wissen und Gewissen und konzentriere dich nicht auf mögliche Ergebnisse, die vielleicht kommen könnten, denn meistens kommt es ganz anders.

6. **Nehme neue Herausforderungen an**

Nehme deine geplanten oder ungeplanten Veränderungen als Möglichkeit um neue Dinge zu erlernen oder zu erleben. Nichts ist schlimm oder falsch, sobald es für dich eine Bereicherung ist und bleibt. Neue Herausforderungen können dir neue Erkenntnisse, neues Wissen, neue Menschen und neue Möglichkeiten bringen. Egal wo man ist, wo man hingeht oder welche Leute man auch trifft, liefert der Tag neue Möglichkeiten, öffne deshalb deinen Geist und sei offen für neues.

7. **Erschaffe dir dein Gleichgewicht**

Wir leben in eine Welt der Gegensätze und Dualität wie Erfolg und Misserfolg, Licht und Schatten, Gut und Böse, Weiblich und Männlich, Liebe und Hass. Die meisten Menschen behaupten nie genug von den guten Dingen, nie genug Liebe, nie genug von dem was sie haben oder sein wollen zu bekommen. Doch wann ist genug oder wer entscheidet wann genug, genug ist? Jeder einzelner von uns kann und soll für sich selbst entscheiden wann genug, genug ist und dankbar sein für das was er hat, was er bekommt oder was er wurde, denn schließlich waren dies auch seine bewussten oder vielleicht auch seine unbewussten Wünsche oder Ziele. Der Schlüssel zum Gleichgewicht ist die Mäßigkeit und Dankbarkeit.

8. **Achte auf die Gesundheit deines Körpers, deines Geistes und deiner Seele**

Mit diesen Voraussetzungen wirst du erfahren wie viel Kraft und Ausdauer es mit sich bringt daran zu glauben, Erkenntnisse über dich selbst zu machen. Es gibt keine andere Person außer dir selbst, welche dir sagen kann, wie du tatsächlich bist und niemand außer dir selbst kennt deine Leidenschaften, deine Überzeugungen und deine Prinzipien. Verbringe ein bisschen mehr Zeit mit dir selbst: lese ein Buch, höre Musik, erlaube dir zu träumen und je mehr du über dich selbst erfährst, desto mehr wirst du lernen, wo die Grenzen deines Körpers, deines Geistes und deiner Seele sind.

9. Liebe dich selbst

Wenn du erwartest, dass dich andere Menschen mögen und lieben, dann solltest du als allererstes erst dich selbst akzeptieren und lieben. Mach ein positives Versprechen mit dir selbst aus, mit deiner Familie, mit deiner Arbeit, mit deinen Freunden, mit der Natur und mit allem was dir wichtig erscheint. Nimm dich ernst und achte auf deine Umgebung. Jeden Tag wirst du dadurch mehr Vertrauen zu dir selbst gewinnen und somit werden die positiven Gedanken den natürlichen Verlauf zu deinem Geist finden.

10. Gebe dich mit positiven Menschen um

Egal wo du auch hingehst, wirst du Menschen treffen die positiv und optimistisch sind, in jeder Schicht, in jeder Religion, einfach überall. Es gibt einige davon, da bin ich mir sicher. Geselle dich und diskutiere mit ihnen mit. Sie können dir dabei helfen, dein Selbstvertrauen und dein Respekt zu dir selbst aufzubauen und zu stärken.

11. Mache dir als Gewohnheit Fragen zu stellen

Und das hat nichts mit Dummheit oder Ignoranz zu tun, sondern wird mit deiner Neugier assoziiert um an mehr Information zu gelangen und um die erforschten Dinge besser zu verstehen. Je mehr Kenntnisse du erlangst, desto mehr Macht und Einfluss hast du über Ereignisse und über das Geschehene.

12. Vertraue anderen Menschen

Es ist verständlich und sehr gut nachvollziehbar dass es dir schwer fällt anderen Menschen zu vertrauen. Es ist meistens mit Risiko verbunden. Trotzdem ist es so, wenn du denen vertraust, wirst du feststellen, dass alle deine negativen Gedanken und Vorurteile, auf einmal weg sind. Benutze deinen gesunden Menschenverstand und fange klein an und höre auf dein Bauchgefühl wenn es dich warnt. Dies bringt dir harmonische Beziehungen mit deinen Mitmenschen.

13. Verzeihen und Vergessen

Fehler und Misserfolge sind der Ursprung aller negativen Gedanken. Erst wenn du gelernt hast, wie du damit umgehst, wirst du erleben, dass dich nichts mehr aufhält oder blockiert vom klaren und positiven Denken. Lasse alledem große Schmerzen, Ängste aus deinem Herzen und Gedanken dahingehen, so wie auch Wolken am Himmel dahinziehen. Verzeihe dir Selbst für die begangenen Fehler und vergesse sie.

14. Lerne aus deinen Erfahrungen der Vergangenheit

Das gute an die erst gemachten Fehler ist, dass du die Möglichkeit hast zu lernen und um sie beim nächsten Mal nicht mehr zu wiederholen. Lasse diese negativen Gedanken nicht zu und mache dir deinen Tag nicht wegen eines gemachten Fehlers kaputt, dafür ist das Leben viel zu schön und wertvoll. Ein Fehler ist nur dann ein Fehler, wenn du ihn wiederholst.

15. Verabschiede dich von deinen Sorgen

Am Ende des Tages bevor du schlafen gehst macht es überhaupt keinen Sinn die schlechten Erfahrungen und die unglücklichen Momente in Gedanken zu behalten und schon mal gar nicht sich damit auseinander zu setzen. Verabschiede Dich von ihnen durch ein bestimmtes Ritual, welches du dir selbst ausdenken kannst. Zum Beispiel kannst du das Fenster öffnen und sie raus lassen und anschließend dich von ihnen verabschieden. Bei Morgengrauen werden neue Gedanken geboren. Glaube an Dich selbst und an die Kraft, die in dir steckt.

Nach dem einige Zeit verging und Elena hervorragende Fortschritte erzielte, wurde sie glücklicher denn je. Sie hatte sich selbst geheilt und ihr Gleichgewicht zwischen Körper, Geist und Seele gefunden. Dadurch rettete sie sich und die Beziehung zu ihrem Ehemann, wonach sich beide einen Neuversuch gaben. Das ganze trug Früchte, sie sind beide glücklich und erwarten Nachwuchs. Ich wünsche ihnen alles erdenklich Gute in ihrem weiteren Leben.

Gedanken...
(Besser und lebenswerter leben)

Hier geht es um meine Gedanken, bessergesagt um einen Auszug davon. Es geht um Denkanstöße über das (eigene) Leben, die (eigene) Welt und deren Gestaltung. Trotz der Komplexität versuche ich das ganze kurz und aussagekräftig wiederzugeben.

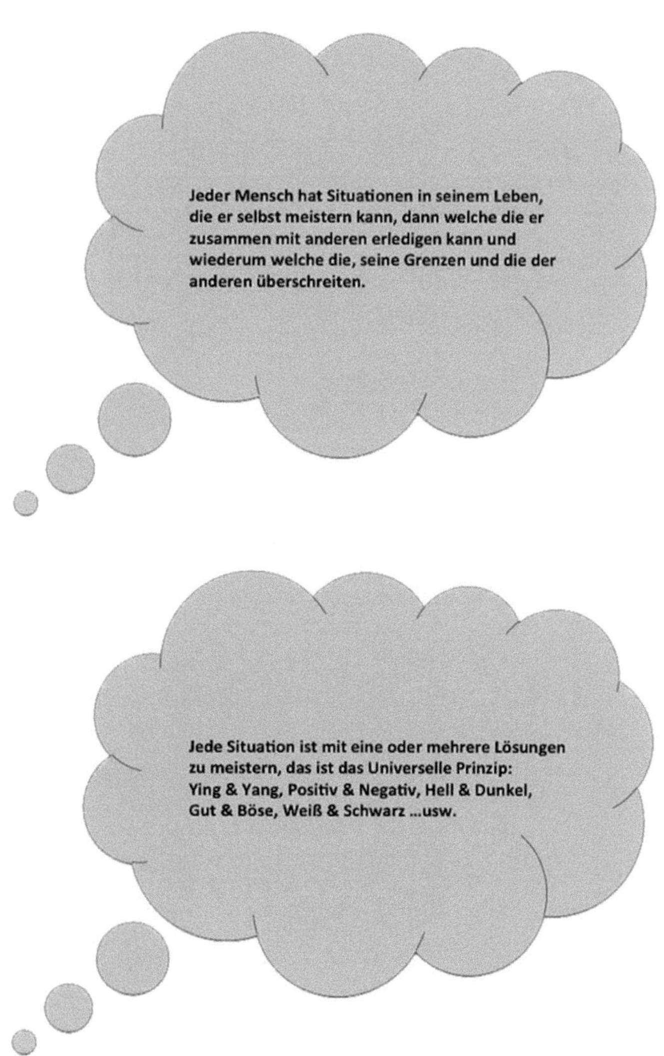

Unsere Gedanken lösen Handlungen aus, die wiederum unser Denken prägen und beeinflussen um neue Handlungen und Taten zu vollbringen. Das ist ein wiederkehrender Kreislauf, welcher ohne Gedanken aber auch ohne Handlungen nicht funktionieren kann.

Jeder Mensch hat eine Berufung um die Aufgaben des Lebens zu vollbringen. Die stetige Lernphase im Leben trägt dazu bei das Leben nach dem bestmöglichen Wissen und Gewissen zu bestreiten. Jede Handlung (Aktion), bewirkt eine neue Situation (Reaktion) und somit ändert jeder sein Lebensweg selbst, was aber wiederum nicht heißt dass, nicht auch andere von außen einwirkenden Situationen, das eigentliche Vorhaben von jeden Einzelnen beeinflussen oder sogar ändern können.

Eine große Macht sind Gedanken und an diese zu Glauben, die beinahe jeden Traum oder Wunsch erfüllen können, durch die Handlungen die danach vollzogen werden.
Wie Du denkst und handelst, wird dir wiederfahren, also denke und handle so, wie Du selbst bereit bist zu empfangen!

Gesundheit: ist in jeden einzelnen von uns tief verankert und das Leben ist bemüht es zu erhalten, zu heilen und wieder in ihre positive Ursprungsform zu bringen, wenn das Gleichgewicht gestört sein sollte. Ich muss erst selbst gesund denken und sein bevor ich was anderes erreichen oder zulassen kann.

Liebe: ist eine Kraft die das Leben lebenswert macht, je mehr Liebe, desto schöner und harmonischer das Leben. Deshalb ist es von großer Wichtigkeit, zu lieben was man hat, was man tut und andere mit liebe zu begegnen und zu segnen. Ich muss erst mich akzeptieren und lieben bevor ich andere akzeptieren und lieben kann um dann schließlich selbst akzeptiert und geliebt zu werden.

Macht: kann jeder erlangen der wirklich danach strebt, je größer das Streben, umso gigantischer wird diese Macht werden. Ich muss immer die Macht über mich selbst haben sowohl über meine Gedanken, als auch über meine Handlungen. Macht ist Kraft und Kraft brauche ich für fast alles im Leben.

Erfolg: ist ein Bestandteil von jeden einzelnen von uns und gehört zum leben dazu. Erfolg ohne Leben und auch anders herum ist nicht möglich denn, Erfolg begann noch vor der Geburt und dann ging es weiter mit jedem Atemzug, jede Bewegung, jede Handlung, einfach alles ist auf Erfolg ausgerichtet. Mit gesundem Menschenverstand und mit Liebe zum Ganzen und seinen Teilen, sollte ich alles in meiner Machtstehende tun um meine Träume, Wünsche und Ziele näher zu kommen.

Reichtum: hat viele Facetten, eine davon ist das Wissen, eine andere ist die Liebe, die Macht, um nur einige zu erwähnen aber auch der Besitz von Geld oder die materiellen Dinge des Lebens, ist eins davon. Wir sind geboren um Reich zu sein und nicht in Armut, Unwissenheit, Hass oder sogar in der Machtlosigkeit zu leben! Je mehr Wissen ich mir aneigne, desto mehr Reichtum erlange ich im Leben und je mehr ich mein Wissen mit gesundem Menschenverstand und die Liebe zum Ganzen und zu ihren Teilen einsetze, desto mehr Macht besitze ich.

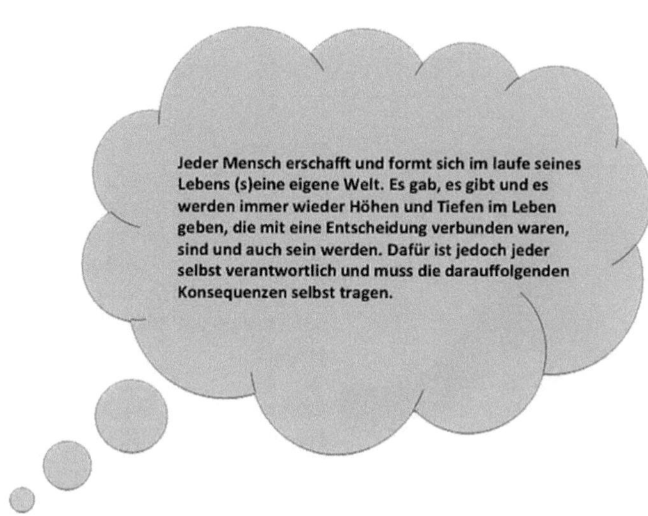

Denke immer daran, dass Du selbst dafür verantwortlich bist, was du denkst und was Du tust. Du entscheidest ganz alleine für dein Leben und für dessen Gestaltung. Lasse dich nicht beeinflussen und setzte deinen menschlichen Verstand ein, denn Du hast nur ein Leben und jeder Tag könnte der letzte sein. Lasse dich nicht beirren und negativ beeinflussen. Genieße jeden Augenblick deines Lebens und suche immer das Beste darin. Fange an jetzt zu leben.

Die 21 Tage Technik...
(und wie Du damit alles verändern kannst)

Bewusstsein und Unterbewusstsein arbeiten zusammen, nehmen wir als Beispiel ein Schiff und den Kapitän des Schiffes mit seiner Crew. Wenn der Kapitän einen Befehl ausspricht, gehorcht die Crew und führt es aus, ohne die Richtigkeit des Befehls in frage zu stellen.

Genauso musst Du dir die Funktion und die Abläufe deines Bewusstseins und Unterbewusstseins vorstellen. Das Bewusstsein ist sozusagen der Kapitän und das Unterbewusstsein die Crew.

Jetzt wird sich der Eine oder Andere fragen:

Gut und schön aber was hat das mit der 21 Tage Technik zu tun?

Ganz einfach und so sind wir schon mitten drin in dieser wunderbaren Technik, welche ich natürlich des Öfteren ausgeführt habe und auch weiterhin erfolgreich anwende. Jedes mal hatte sie funktioniert und ich schwöre mittlerweile drauf. Deshalb bin ich auch der Meinung dass dieses Wissen auch für dich zugänglich gemacht werden sollte.

Die Technik ist sehr einfach durzuführen, so einfach dass Du dir kaum was merken muss.

Eine Sache, beziehungsweise Vorgehensweise ist dennoch von enormer Wichtigkeit, nämlich dass Du sie mindestens 21 Tage lang bewusst durchführst. So hart sie auch scheinen mag, musst Du durchhalten, denn es lohnt sich. Glaube an dich und an deine Möglichkeiten.

- **Dass ich sie Mindestens 21 Tage lang bewusst durchführe?**
- **Warum, was bringt mir das?**

Nehmen wir mal an, dass Du vorhast eine Bestimmte Angewohnheit zu ändern. Du versuchst vieles aus aber nichts führt dich wirklich zu deinem Ziel, der veränderten Form der Angewohnheit. Oder noch schlimmer, nach kurzer Zeit fällst Du wieder in deinem alten Muster, womit die Veränderung zunichte gemacht wird. Also bist Du wieder genau dort, wo Du vorher begonnen hast, nämlich bei deiner alten Angewohnheit.

Das Bewusstsein nimmt genauso alles auf wie das Unterbewusstsein, jedoch mit einem Unterschied. Das Unterbewusstsein filtriert, sei es weil man eine gewisse Erfahrung gesammelt hat oder weil man es vom Hören und Sagen her hat dass eine Sache oder Vorgehensweise so nicht funktioniert oder nicht geht.

Das Unterbewusstsein hingegen ist wie ein kleines Kind, saugt alles auf und entscheidet nicht ob was funktioniert oder nicht und entscheidet auch nicht ob es gut oder schlecht ist. Für das Unterbewusstsein existiert keine Wertung wie beim Bewusstsein. Dein Unterbewusstsein nimmt erst einmal alles auf, wonach dein Bewusstsein dann mit der Wertung beginnt. Es ist ein ganz normaler Ablauf, ein sogenannter Automatismus was dabei stattfindet.

Ein Beispiel dazu ist, als Du noch ein kleines Kind warst und nicht laufen konntest. Du sahst Menschen laufen und machtest deine ersten Schritte.

Doch was passierte? Du fielst.
Hattest du aufgegeben? Wohl kaum, sonnst könntest du heute nicht laufen.

Du hast es immer wieder versucht, bis Du eines Tages so laufen konntest wie heute.

Ein anderes Beispiel ist dein Führerschein.

Auch hier konntest Du nicht von Heute auf Morgen Autofahren.

Auch hier war ein gewisser Prozess notwendig, bis Du so fahren konntest, wie Du heute fährst.

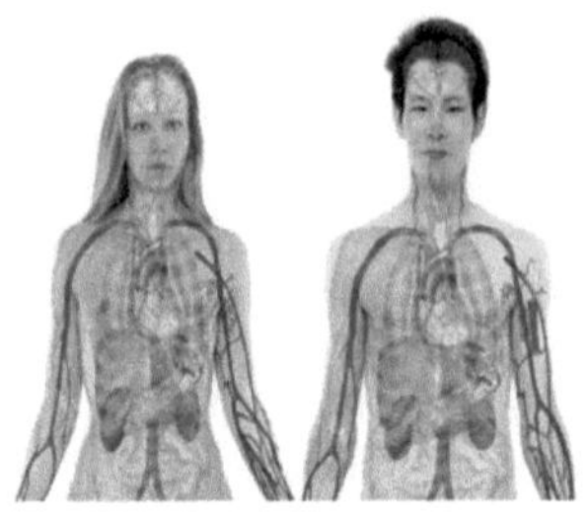

Ein letztes Beispiel ist die Funktionalität deiner inneren Organe und deine Atmung.

Nichts davon geschieht bewusst.

Alles geschieht unterbewusst und auch hierfür war ein gewisser Prozess nötig, bis alles in dem Automatismus überging.

Was ich damit sagen will ist, dass alles eine gewisse zeit braucht, einen bestimmten Prozess bis das Gewünschte im Automatismus übergeht. Deshalb ist die 21 tage Technik eine sehr gute Methode, damit Du bewusst die Befehle immer wieder, mindestens 21 Tage deinem Unterbewusstsein gibst und schließlich ausführst. Wonach dein Unterbewusstsein erst das Befohlene automatisiert und dann schließlich alles so abläuft, dass Du nicht mehr wirklich daran bewusst denken musst.

Die 21 Tage Technik ist auf fast alles anwendbar, zumindest auf alles was mit dem logischen Menschenverstand erfasst werden kann.

Willst Du zum Beispiel vielleicht mehr oder überhaupt endlich Sport treiben?

Dann fange zum Beispiel mit dem Joggen an, nach einem bestimmten Plan, zur gleichen Zeit, die gleiche Entfernung usw. und das Ganze mindestens 21 Tage lang.

Also nur zu, Probiere es aus und Du wirst sehr bald erste Erfolge ernten. Sie werden dir so sehr gefallen dass Du die 21 Tage Technik, genauso wie ich, in deinem Leben bewusst etablieren wirst.

Jetzt wo Du das Wissen der Technik und ihrer Vorgehensweise hast, kann es nicht schaden sie auszuprobieren. Nur Mut und wenn du noch Fragen haben solltest, scheue dich nicht mich zu kontaktieren.

Ich jedenfalls wünsche dir viel Durchhaltevermögen.

Lebst Du schon dein Leben?...
(oder träumst Du nur davon?)

Isolation ist für jedes Lebewesen, sowie auch für uns Menschen eher eine schreckliche Vorstellung. Mit niemandem Kontakt zu haben ist furchterregend. Wir brauchen mindestens ein Lebewesen, ein Tier aber noch besser einen Menschen, um die Kommunikation zu pflegen und um sich gewissermaßen weiter zu entwickeln.

Eine völlige Isolation kann psychische Schäden hervorrufen und kann sogar zu Tode führen. Aus diesen und auch anderen Gründen fühlen wir uns zu einer Gesellschaft eher hingezogen, egal ob diese uns gut oder weniger gut tut. Die Angst alleine und nicht akzeptiert zu sein ist jedoch stärker, wodurch man vieles in Kauf nimmt.

- **Doch wann ist „vieles“ genug?**
- **Bis wohin akzeptierst Du eine Gesellschafft?**
- **Und wann schaltet dein Gehirn ein um Möglichkeiten zu finden das Leben wieder wirklich zu genießen?**

Natürlich wirst du jetzt sagen, dass die Gesellschafft in der Du lebst, für dich in Ordnung ist. Du hast es dir ja auch schließlich ausgesucht. Sowohl deine Freunde, dein näheres Umfeld als auch die Gesellschafft darüber.

Aber ist das wirklich so?

Dass Du dir dein Umfeld mitgestaltet hast sei dahingestellt aber was ist mit dem Rest?

Bist Du wirklich mit dem was ist und was Du hast zufrieden?

Ich kann für viele mit einem dicken **„NEIN“** antworten! Vielleicht geht es dir nicht anders, nur dass Du es verdrängt oder sogar vergessen hast. Vielleicht denkst Du sogar sehr oft und lange darüber nach was zu verändern und kurz bevor du einen bestimmten Schritt wagen willst, hält dich irgendetwas zurück. Eine kurzeitige positive Veränderung oder dein Umfeld, welches dich an der Leine halten will.

Ist deine Angst wirklich so groß?

Willst Du weiterhin so leben wie bisher?

Du bist doch kein Sklave, Du bist ein freier Mensch und Du kannst alles was dir nicht gefällt in deinem Leben verändern. Eines Tages wachst Du auf und merkst dass es zu spät ist, weil Du vielleicht zu alt geworden bist oder krankheitsbedingt nicht mehr die Möglichkeiten hast wie jetzt.

Du denkst vielleicht dass ich gewissermaßen Recht habe aber...

Du wartest nur auf eine bestimmte Gelegenheit, auf die richtigen Menschen in deinem Leben, vielleicht aber auch auf mehr Geld, damit Du dann endlich was ändern kannst. Ich kann dir nur sagen, dass wenn Du wartest, alles beim alten bleiben wird und sich absolut nichts verändern wird. Alle deine Träume, Wünsche und Ziele werden sich in Luft auflösen, bis eines Tages Du traurig auf dein Leben zurückblicken wirst. Dann nämlich wirst Du sagen, hätte ich bloß damals nur... usw.

Doch dann ist es einfach zu spät!

Wenn ich dich fragen würde ob Du zum jetzigen Zeitpunkt lebst würdest Du mir höchstwahrscheinlich mit **„JA“** antworten.

Doch lebst Du wirklich, vor allem so, wie Du leben möchtest?

Wenn deine Antwort immer noch ein **„JA“** ist dann herzlichen Glückwunsch, denn Du hast es geschafft und lebst bereits dein Leben. Wenn deine Antwort diesmal jedoch ein **„NICHT GANZ“** oder sogar ein **„NEIN“** ist dann fange **„JETZT“** an was zu verändern und lebe dein Leben! Die beste Zeit ist **„JETZT“** und nicht **„MORGEN“**, denn **„MORGEN“** ist es einfach zu spät!

Ich habe begonnen mein Leben neu zu gestalten und endlich zu leben, das selbige wünsche ich dir auch vom ganzen Herzen. Ich hoffe dich hiermit etwas wachzurütteln und zu motivieren damit Du die richtigen Veränderungen vornimmst, um dein Leben zu leben und zu genießen.

Unsere Natur ist nicht für das Alleinsein konzipiert...
(und die Plus/Minus-Liste)

Eine sehr gute Bekannte von mir hatte letztens einen sogenannten „TIEF“ ich empfahl ihr unter anderem eine sehr einfache Technik wie diese anzuwenden.

Und das bezieht sich nicht nur auf die Intimität der Zweisamkeit. Im Gegenteil es bezieht sich auf alles was außerhalb von deiner Person stattfindet privat oder beruflich, in der Familie, zwischen Freunde oder Bekannte, ja sogar in der Gesellschaft selbst.

In unseren Genen ist ein Erbgut gespeichert und außerdem lebt es uns unser Umfeld immer wieder vor:

- **Fortpflanzung**
- **Rudel**
- **Zusammengehörigkeit**
- **Gutes tun und erleben**
- **Zusammenhalt**
- **Existenzsicherung**

...usw.

Deine subjektive Wahrnehmung, das Unterbewusstsein gaukelt es dir immer wieder vor. Du machst immer wieder neue Erfahrungen in deinem Leben und nach jeder Erfahrung setzt Du dir neue Prioritäten, sowie neue Ziele. Dein subjektives Selbstempfinden neutralisiert wiederkehrende Muster so lange bis Du einen Cut mit deinem logischen Verstand machst.

Wenn ein Ereignis stattfindet, analysierst Du es sicherlich, zumindest wäre es von Vorteil. Du versuchst zu verstehen und erlangst daraus, früher oder später eine Erkenntnis, wonach Du das Gelernte integrierst. Positives nimmst Du an und handelst dementsprechend, wodurch eine neue Veränderung eintritt.

Du machst dann ein Brainstorming, wodurch Mehrfachkombinationen entstehen und somit verschiedene neue Möglichkeiten oder Ereignisse stattfinden können.

Du fängst wieder an, das Gute in dem gegenüber zu sehen, zu hoffen, zu glauben, zu wünschen und zu erleben. Der Wunsch nach Gemeinsamkeiten wird immer stärker.

Allerdings kommt es immer wieder vor dass Du lieber ein Einzelgänger oder Single bleiben willst, vielleicht weil:

- **Du die letzte Beziehung (freundschaftlich oder intim) noch nicht verarbeitet hast.**
- **Dich so niemand und nichts mehr verletzten kann (Angst).**
- **Du tun und lassen kannst was Du willst und niemand hindert dich daran.**
- **Du dich SICHER fühlst (deine selbsterrichtete Schutzmauer ist uneinnehmbar).**
- **Du dich FREI fühlst.**
- **Du einen neuen Weg gefunden hast und das tut dir gut.**

...usw.

Dein Fokus ist in so einem Fall eher introvertiert, was nicht negativer aber auch nicht positiver Natur ist. Alles ist relativ zu sehen und am besten objektiv und neutral.

Versuche ein Brainstorming oder eine Plus/Minus-Liste zu machen, um herauszufinden ob das auch wirklich das ist was Du willst. Schaden kann es jedenfalls nicht. Freundschaften und Bekanntschaften könnten steigen um die Balance zwischen deinem Bewusstsein und Unterbewusstsein herzustellen und/oder zu erhalten.

Hier ist ein Beispiel zu einer Plus/Minus-Liste:

(-) negative Gedanken =
(-) negative Gefühle

(+) positive Gedanken =
(+) positive Gefühle

(-) negative Gedanken/Gefühle:

- Ich habe keine Lust mehr zu kämpfen, es hat alles keinen Sinn und außerdem wird mir alles zu viel.
- Ich fühle mich überfordert und leer. Habe das Gefühl zu ersticken.

...usw.

(+) positive Gedanken/Gefühle:

- Ich bin schön und attraktiv.
- Ich habe bisher alles geschafft, was ich mir vorgenommen habe.
- Ich habe wunderbare Menschen um mich herum (Partner, Familie, Freunde, Bekannte), welche zu mir halten und wenn ich sie brauche, für mich da sind und mich unterstützen.
- Ich bin gesund.
- Ich liebe und werde geliebt.
- Ich habe eine Aufgabe, eine Berufung auf dieser Welt zu erledigen.

...usw.

(=) positives Ergebnis:

- Ich fühle die Macht/Kraft in mir steigen.
- Ich genieße zu leben, zu lieben und geliebt zu werden.
- Ich fühle mich gut und von Tag zu Tag immer besser.

...usw.

So oder so ähnlich könnte deine Plus/Minus-Liste aussehen und die Wirkung ist enorm. Vielleicht klappt es nicht auf anhieb, was dich auf keinen Fall entmutigen soll, denn bekanntlich ist auch noch kein Meister vom Himmel gefallen.

Der Neuanfang...

(Wann ist es zu spät?)

Da ich eine Kämpfernatur bin und ich mich nie unterkriegen lasse, beschloss ich darüber etwas zu schreiben, um vielleicht auch dir etwas Mut zu geben.

Wenn ich ehrlich sein soll, hätte ich nicht gedacht dass ich das wirklich durchziehe.

Ich und alles noch mal neu zu beginnen... und jetzt ist es soweit zu dritt wagen wir das Unbekannte.

Mein Wunsch einen kompletten Neuanfang zu wagen, besteht schon seit geraumer Zeit, seit einigen Jahren, um genau zu sein. Allerdings ließ ich mich jedes Mal aufhalten, bessergesagt ich zog immer wieder den Kürzeren, nur weil ich mir vielleicht eine Besserung erhoffte.

Doch das trat leider nie ein... zumindest nie für lange Zeit.

Vieles trug dazu bei, dass ich immer unzufriedener und unglücklicher wurde. Eines Tages war es dann endlich so weit, ich hatte auch das Glück „Burnout" kennenzulernen. Und glaube mir wenn ich dir sage, dass es ganz schlimm war. Auch jetzt bin ich nicht ganz erholt aber zumindest geht es mir ein Stück besser.

Viele meiner Freunde und sogar die Familie selbst, hatten keine Ahnung. Ich versuchte so gut wie ich nur konnte, das Elend zu überspielen. Heute kann ich sagen mit Erfolg aber stolz darauf bin ich wirklich nicht.

Was soll ich sagen, ich fange jetzt wirklich von Null an und weiß dass ich es schaffen werde, wie so oft davor auch.

Egal wie oft ich am Boden lag und wie oft mir die Situation Ausweglos erschien, ich kämpfte und ich stand immer wieder auf. Ich weiß dass es richtig war und ich würde und werde es immer wieder so machen, bis ich dann sicher auf zwei Beine stehe.

Und das ist ein Versprechen, sowohl an mich selbst, als auch an dich.

Wenn das Gefühl aufkommt, das jemand dir den Hahn abdreht, so das Du keinen Ausweg mehr siehst, kommt wie durch ein Wunder die Lösung um die Ecke um dich zu erretten. Ich will damit sagen, dass egal wie Aussichtslos dir deine Situation erscheint, gibt es immer mindestens eine Lösung. In der Regel gibt es mehrere Möglichkeiten um aus deiner Lage heraus zu kommen.

Ein Brainstorming kann schon Mal enorm hilfreich sein!

Ich weiß wovon ich rede, denn auch ich habe einiges durchgemacht. Ich benutze und benutze verschiedene Methoden und Techniken aus dem NLP und aus der Hypnose. Ich coache und trainiere mich sozusagen immer wieder selbst.

Das ganze Leben ist ein Auf und Ab, und wer nicht kämpft wird irgendwann nicht mehr aufstehen können und das ist Fakt!

Also Kämpfe und lass dich nie unterkriegen, denn Du hast nur dieses eine Leben!

Stehe auf und heule nicht rum, wie sch... das alles sei und das Du immer nur Pech hast im Leben, denn das ist nicht war. Das ist nur eine von vielen Wahrnehmungen die Du hast. Benutze immer die positivere davon und Du wirst positiv überrascht sein, dass auch diese funktioniert, genauso wie die anderen.

Du alleine entscheidest wie Du weiterhin leben willst und wie Du dich weiterhin fühlen willst. Jede Möglichkeit steht dir offen, entscheiden musst Du dich jedoch selbst.

Fange jetzt an glücklich zu leben! Es ist nie zu spät für einen Neuanfang.

Wenn es dir schwer fällt dich selbst aufzuraffen und dich selbst zu motivieren um dein Leben neuen Schwung zu geben, kann ich dir ein Email-Coaching oder einen Coaching per Skype anbieten. Du hast die Wahl!

Träume, Wünsche und Ziele erreichen...
(ist es wirklich unmöglich?)

...es ist schwierig oder gar unmöglich das oder jenes zu tun.

So oder so ähnlich höre ich fast täglich, die Aussagen von verschiedenen Menschen.

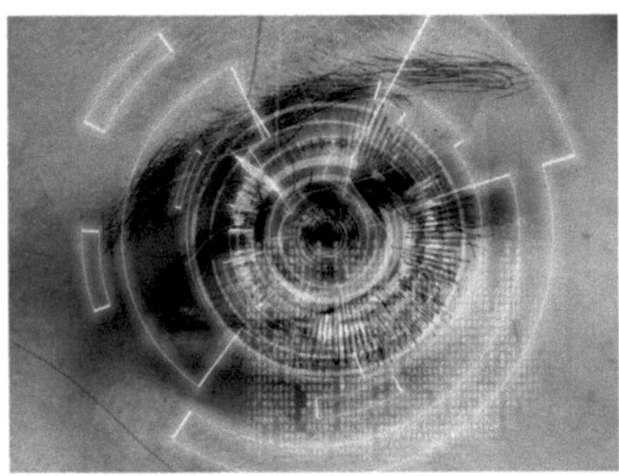

Alles wäre um ein vielfaches einfacher, wenn jeder mehr Selbstvertrauen hätte und mehr an sich selbst glauben würde.

Doch dem ist leider nicht so im Gegenteil die meisten speisen sich selbst mit einem Versuch ab. Gewisse Sachen versuchen sie einmal und manche Dinge vielleicht ein zweites mal bevor sie dann doch aufgeben. Sie jammern und fühlen sich unbeliebt, ja sogar unverstanden von ihrer Umwelt.

Jeder ist für sich selbst, somit auch für sein Leben und seine Zukunft verantwortlich. Jeder hat es selbst in seinen eigenen Händen ob und wann er seine Träume, Wünsche und Ziele erreicht, so auch Du.

Finde dein Schlüssel zu dir selbst, öffne dein Inneres und höre auf dein Unterbewusstsein.

Du wirst sehen welche Potenziale in dir schlummern und welche gewaltige Macht in dir steckt. Du brauchst sie nur zu benutzen.

Alles was Du willst ist machbar, egal wie schwer und unmöglich es am Anfang auch aussieht.

Ich nehme jetzt einfach mal an, dass Du genau das getan hast und dies nicht nur ein- oder zweimal, sondern viele Male und sogar immer wieder versucht hattest und was passierte?

Nichts, absolut gar nichts war geschehen. Doch woran mag das ganze wohl nur gelegen haben, denn Du hattest alles in deiner Macht stehende getan um es zu erreichen?

Es ist viel einfacher als Du vielleicht glaubst, es liegt vielleicht einfach nur daran, dass wir uns ständig verändern. Somit verändern sich auch unsere Träume, Wünsche und Ziele und wir passen uns der neuen Situation an.

Dazu habe ich eine kleine Geschichte:

"Als Max noch ein kleiner Junge war, wünschte er sich sehnlichst Feuerwehrmann zu werden.

Später als er älter wurde, ließ aber dieser Wunsch immer mehr nach.

Es lag jedoch nicht daran, dass er es vielleicht nicht hätte schaffen können, nein es lag eher daran, dass er neue Interessen entdeckte womit sich sein Umfeld ebenfalls verändert hatte.

Er fing an zu studieren und wurde später einer der besten Zahnärzte in seiner Region.

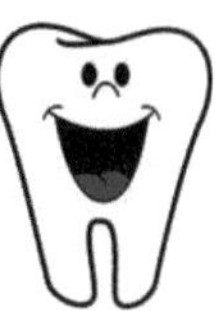

Doch was war geschehen, er hatte sich doch so sehr gewünscht Feuerwehrmann zu werden und anfangs war er davon mehr wie überzeugt. Er war sogar bei der Freiwilligen Feuerwehr, alles machte ihm sehr viel Spaß und er war davon wirklich überzeugt, später Feuerwehrmann zu werden. Er genoss alles was dazu gehörte und tat alles um später Feuerwehrmann zu werden, doch dann passierte es.

Bei einer Feuerwehrübung, lernte er seine künftige Ehefrau kennen, verliebte sich in sie und fing mit ihr an zusammen Medizin zu studieren. Er war sehr gut und schaffte es in kürzester Zeit sein Studium zu beenden und öffnete zusammen mit seiner jetzigen Ehefrau, eine Zahnarztpraxis. Später heirateten sie und bekamen zwei süße Kinder".

Fakt ist, dass alles was er sich vorgenommen hatte, sicherlich auch hätte erreichen können, sowohl Feuerwehrmann zu werden, als auch alles andere.

So lange Du daran glaubst, werden Deine Träume, Wünsche und Ziele in Erfüllung gehen, sie werden jedoch nur dann war, wen Du wirklich fest und ohne Zweifel daran glaubst.

Leben und Tod...
(und die Gegensätze)

Es ist gerade mal eine Stunde her und ich habe das Gefühl, dass mein Inneres zerrissen wird.

Wir waren mit unseren Tochter beim Arzt zur Untersuchung sie hat fast einen Kilo zugenommen und gewachsen ist sie drei Zentimeter. Eine optimale Entwicklung und ich bin überglücklich darüber. Vor allem wie sie mich immer wieder anlächelt.

Als wir die Straße entlang fuhren, lag jemand am Boden. Ich hielt an und stieg aus um zu helfen. Es war ein Mann und einige Menschen waren um ihn herum versammelt. Keiner konnte wirklich helfen, sie waren anscheinend schockiert, da sie ihn kannten.

Wir riefen den Krankenwagen, ich drehte ihn in stabiler Seitenlage, fühlte jedoch keinen Puls. Die Ärztin wo wir zu Untersuchung waren, kam mit zwei Schwestern an und wir versuchten den Mann wieder zu beleben. Die Ärztin meinte dass es zu spät sei. Ich wollte jedoch nicht aufgeben und wir versuchten es noch einige male bis der Krankenwagen kam.

Ab diesem Zeitpunkt haben sie dann übernommen und als ich mich versicherte, dass ich nicht mehr helfen kann, fuhren wir nach Hause. In diesem Moment kamen meine Tränen. Ich konnte es nicht zurückhalten, obwohl ich es wirklich versuchte.

Zuhause angekommen, habe ich mich zurückgezogen um es zu verarbeiten. Ich hatte ganz vergessen, wie Weinen ist, so lange ist es her. Mein ganzer Körper zitterte und ich bekam fast kaum noch Luft. Doch dann riss ich mich zusammen, atmete ein paar mal durch wonach ich mich dann langsam gefangen hatte.

Es liegt nicht daran, dass ich noch keinen Toten gesehen habe, sondern vielmehr darum, helfen zu wollen und nicht zu können, da es schon zu spät war. Zu erfahren, dass man nichts machen kann ist für mich und meinen Prinzipien wie ein Schlag ins Gesicht. Denn für mich gibt es immer einen Ausweg, eine Möglichkeit.

Es liegt anscheinend nur daran dass ich es einfach nur persönlich genommen habe, denn alles hat seinen Sinn im Leben. Ich kenne in diesem Fall auch nicht seine Geschichte, ich weiß zum Beispiel auch nicht was Gott mit ihm vorhat und auch nicht was seine Bestimmung war oder ist. Ich wünsche seinen Hinterbliebenen jedoch viel Kraft und ein herzliches Beileid.

Durch diese Situation wurde mir wieder mal Bewusst, wie nah Gegensätze zu einander sind, wie in diesem Fall das Leben und der Tod.

Aber auch Gut und Böse, Kraft und Schwäche, Liebe und Hass... und auch alle andere Gegensätze.

Die Liste der Gegensätze ist beinahe unendlich, denn für alles auf dieser Welt gibt es einen Gegensatz.

Die Moral für mich ist, dass wir nicht alle Ebenen kennen, wir sehen nur das was wir wollen und wie wir wollen. Du siehst vielleicht mehr, vielleicht aber auch weniger als ein andere. Jedenfalls finde ich dass es sehr wichtig ist, so vieles wie nur möglich objektiv und vor allem aus verschiedenen Gesichtspunkten (Ebenen) zu sehen, bevor Du dich für eine Handlung entscheidest.

Ich wünsche dir dass Du das erlernst und kannst.

Das Rad des Lebens...
(und das Hamsterrad)

Ein Leben beginnt wie durch ein Wunder durch das sexuelle Zusammenkommen zweier unterschiedlicher Geschlechter.

Es muss nicht einmal Liebe im Spiel sein es genügt schon der richtige Augenblick und das Leben kann entstehen.

Durch eine biologische Komplexität ist Leben möglich und wenn alles nach dem Schema der Entstehung abläuft, wächst es heran bis es schließlich bei der Geburt das Licht der Welt erblicken kann. Das Leben auf der Erde kann somit beginnen.

Das Leben bleibt nie stehen, es entwickelt sich stätig weiter. Neues wird entdeckt und es wächst weiter heran begleitet von dem ewigen Lernprozess.

Eine ständige Bewegung mit Höhen und Tiefen sind alltäglich, genauso wie die Kommunikation im Sozialen Umfeld. Dadurch entstehen neue Gedanken, worauf wieder neue Aktionen folgen, was wiederum den ewigen Kreislauf des Lebens wiederspiegelt. Das Leben ist einfach und schön, auch wenn manchmal nicht alles glatt läuft.

Neue Träume, Wünsche und Ziele entstehen und der Drang sie zu erreichen haben große Priorität. Das Leben ist eine Evolution, denn es ist immer in Bewegung und ändert sich ständig. Was gestern vielleicht richtig war, könnte heute schon falsch sein und umgekehrt.

Das Leben ist ein Geschenk, welches Du immer respektieren solltest.

Es hat einen bestimmten Grund, weshalb Du das Licht der Welt erblicken durftest.

Sei dankbar und gestallte es nach deinem besten Wissen und Gewissen.

Der Mensch als auch alle Lebewesen haben eines gemeinsam, den sogenannten Überlebungsdrang. Sowohl bei Krankheiten als auch bei Verletzungen physisch aber auch mental zu genesen und zu regenerieren. Dabei hilft jede kleinste Zelle des Körpers. Der gesamte Organismus ist darauf programmiert und beginnt bei kranken und/oder bei verletzten Zellen zu regenerieren und alles wieder in gesunder Ursprungsform zu bringen.

Die Liebe zu dir selbst, sowie zu deinem Leben, ist in deinen Genen hinterlegt, sie ist sozusagen dir angeboren. Damit Frieden und das Zusammenleben möglich sein kann, ist gegenseitiger Respekt und Nächstenliebe unabdingbar.

Doch dafür brauchst du Kraft. Das alles beginnt mit der Macht deiner Gedanken, bevor Taten darauf folgen können. Je positiver deine Gedanken sind, desto positiver können deine Ergebnisse werden.

Du brauchst Erfolge und positive Ergebnisse in deinem Leben, dabei setzt Du dir immer wieder neue Ziele, welche Du schließlich auch erreichen willst. Der sogenannte Reichtum an Erfolgen.

Ich persönlich finde es sehr schade, dass Reichtum meistens mit Wohlstand verwechselt wird. Sicherlich hat es auch damit was zu tun aber nicht ausschließlich. Reichtum ist um ein vielfaches mehr. Reichtum ist ein Zugewinn von Eindrücken, Erlebnissen, Wissen und viel, viel mehr. Es ist ein dickes **HABEN** in allen Bereichen des Lebens und natürlich auch materieller Natur.

Wer kennt es nicht? ...das Hamsterrad.

Niemand will in dem Hamsterrad sein und wenn man doch drin ist dann so schnell wie möglich wieder herauszukommen. Manchmal erscheint es ja fast ausweglos dort wieder herauszukommen aber glaube mir eins, es ist möglich, es gibt immer einen Weg.

Bist Du auch in einem Hamsterrad gelandet und siehst keine Möglichkeit von dort wieder herauszukommen?

Ich kann dir helfen, sowohl per Mail als auch per Skype biete ich dir meine Unterstützung an. Den ersten Schritt musst Du allerdings selbst machen in dem Du mich per E-Mail: sebastian.roemischer@gmail.com anschreibst und mir deine Situation schilderst. Gemeinsam finden wir für dich den passenden Weg aus deiner Situation. Bis gleich ;)

Du bist auf dieser Welt, weil Du den Drang zu leben hattest und weil Du eine Kämpfernatur bist. Außerdem hast Du mindestens ein Ziel und mindestens eine Aufgabe zu erfüllen. Kämpfe und gebe nie auf, Du hast nur das eine Leben!

Fitness, Gesundheit, Entspannung & Metapher

Abnehmen ohne zu Leiden
(6 effektiveTipps)

Gerade wenn es draußen wieder ein bisschen wärmer wird, man die dicke Wintermäntel wieder in die Schränke verstaut und man langsam aber sicher T-Shirt raussucht, merkt man, dass vielleicht der Winter bald weg ist, aber der Winterspeck noch dran ist. Nein, man ist sicherlich noch nicht bereit für den Sommer und seine Bikini oder Sixpack Tage!

Frühling ist die Phase, wo sich die meisten Mädchen und Frauen auf Diät setzten sowie auch manche männliche Kandidaten. Die einen nehmen es ein bisschen strenger und andere wiederum dann doch ein bisschen lockerer. Dabei fragen sich die meisten:

- **Warum so viel leiden um ein paar Kilos abzunehmen?**
- **Gibt es denn kein anderen Weg außer zu hungern, Diät halten und jeden Tag Sport?**

Die Antwort ist **JA**, es gibt noch andere Wege, ohne auf teure Operationen oder Medikamente zurückzugreifen und dass sogar auf einer schmerzlose, gesunde und einfache Art und Weise!

Wer seine Lebenseinstellung nur ein bisschen ändert, wird schnell merken, wie die Kilos verschwinden, nicht von einem Tag auf den anderen aber dafür sicherlich langfristig!

Also hier habe ich 6 Tipps für dich:

1. **Trinken, Trinken und wieder Trinken**

Der Körper besteht größtenteils aus Wasser und genau das ist was wir brauchen, denn ohne Wasser kann ein Mensch nicht leben! Wer mindestens 2 Liter Wasser am Tag zu sich nimmt hat schon einmal eine gute Tat seinem Körper getan! Wasser reinigt und fühlt gleichzeitig den Körper. Also so viel wie möglich trinken, immer eine Flasche Wasser bei sich haben und immer wieder von ihr trinken. Wichtig ist jedoch, dass es sich um stilles Wasser und nicht etwa um Wasser mit Kohlensäure oder um gesüßtem Wasser wie Cola handelt und schon gar nicht um Alkohol.

2. Frühstücken ist ein Muss

Nur wenige findet die Zeit morgens zu frühstücken. Viele haben sich das Frühstück abgewohnt und fangen den langen harten Tag mit einem leeren Magen an. Kein wunder dass er um Mittag wie verrückt knurrt und man in jeder freien Minute Fastfood oder andere ungesunde Sachen sich in den Mund steckt. Frühstück ist ein gesunder und wichtiger Bestandteil für die Energie des Körpers. Wer nicht frühstückt wird seinen Magen und Körper auf langer Sicht gesehen strapazieren.

3. Zu Fuß anstatt mit Bus oder Auto

Natürlich ist Sport ideal für eine gute und gesunde Fitness, doch oftmals hat man einfach keine richtige Zeit dafür. Wer also kein Sport betreibt und trotzdem sein Körper auf Schwung halten will, sollte mehr laufen. Einfach mal hier und da auf Bus, Auto und Mitfahrgelegenheit verzichten und es mal zu Fuß versuchen, auf den Heim weg zum Beispiel!

4. Keinen Zucker bitte!

Wer gerne isst und gerne kocht, solle sich einen Verbot setzten, und zwar einen Zucker Verbot. Einfach mal auf den Zucker verzichten, so schwer kann das doch nicht sein! Auch die Hände von Schokolade und jeder Süßigkeit lassen! Wer was süßes Essen will, sollte es einfach mal mit Früchte und ungesüßtem Jogurt versuchen, oder trockene Früchte!

5. Gelber Käse

Eine vielleicht schwierigere Aufgabe ist auch mal auf gelben Käse zu verzichten. Sei es Gouda, Emmentaler oder anderer Käse, fester Käse macht leider dick. Also keine Pizza, keine Spaghetti mit Käse und schon gar kein Cheeseburger! Wer Käse trotzdem gerne hat, sollte es mit Frischkäse versuchen, ein idealer Ersatz während einer Diät!

6. Nach sieben Uhr ist Feierabend!

Man sollte nach einer bestimmten Uhrzeit nichts mehr essen. Am Abend braucht der Magen einfach viel zu viel Energie um das Gegessene zu verdauen. Am Anfang fällt es einem schwer abends nichts zu essen doch wer 2 Tage durchhält wird merken dass man sich schnell daran gewöhnen kann. Einfach viel Trinken und kurz vor sieben Essen!

Ich hoffe dass für dich ein paar gute Tipps dabei sind. Viel Spaß und Erfolg bei der Umsetzung.

Falsch einschlafen...

(und 5 effektive Tipps um besser einzuschlafen)

Wer den ganzen Tag schwer arbeitet, von einer Erledigung zur anderen rennt, verbraucht seine ganze Energie und ist dann meistens abends fix und fertig.

Normalerweise müsste jeder Mensch nach einem gestressten Tag sofort im Bett einschlafen und das ohne Probleme.

Doch manche Menschen haben Schlafprobleme, oder besser gesagt Einschlafprobleme. Sie schlafen nachts sehr schwer ein, kriegen einfach kein Auge zu, und das trotz der Müdigkeit. Sie liegen Stunde für Stunde im Bett und warten auf das Einschlafen was meist erst nur sehr spät kommt. Am morgen steht man nach so einer Nacht ohne Energie ermüdet und schlapp wieder auf.

Dabei greifen viele schlaflose Menschen sofort zu Medikamente und versuchen auf diesen Weg ihren Schlaf nachzuhelfen. Das muss aber nicht sein, es gibt viele Hausrezepte, die auf natürlicher Weise den Schlaf unterstützen.

Hier habe ich 5 Tipps, wie Du besser Einschlafen kannst, ohne Medikamente nehmen zu müssen. Oftmals schlafen Menschen nicht ein, da sie sich falsch zu ihrem Körper verhalten. Manchmal hilft eine kleine Verhaltensänderung, um besser einschlafen zu können.

1. **Wohlfühlrituale entwickeln**

Du musst dich wohlfühlen vor dem Schlafen gehen! Lege also alle deine Sorgen und schlechte Gedanken beiseite. Vor dem Schlafen solltest Du deinem Körper etwas Gutes tun. Zum Beispiel eine entspannende Dusche oder sogar Bad mit beruhigenden Ölen. Oder dich einfach gut eincremen. Deinem Körper ein wenig verwöhnen, damit auch die Seele etwas davon hat.

2. **Richtig gemütliches Bett**

Jeder Mensch müsste sein Schlafzimmer, sein Bett genießen und lieben. Zum Wohlfühlen gehört nun mal auch ein geeignetes Bett mit gemütlichen Kissen und einer kuscheligen Decke. Wenn dies jedoch bei dir noch nicht der Fall ist, musst Du schnell etwas bei dir im Schlafzimmer ändern.

3. **Frisch gelüftet**

Ein frisch gelegtes Bett oder frisch gelüftetes Bett ist das beste Gefühl, was Du beim Einschlafen haben kannst. Der Geruch und das Gefühl der Sauberkeit sind einmalig. Für manche erscheint ein frisch gelüftetes Bett zu kühl, doch sie irren sich!

4. **Bewegung macht müde**

Wenn Du dich nicht genug bewegst, dann wirst Du schwerer Müdigkeit empfinden. Dein Körper wurde einfach noch nicht ausgepowert und empfindet noch eine Menge Energie in sich. Wie wär's mit einem Spaziergang vor dem Schlafen gehen, oder gar eine Runde Joggen? Oder einfach mal von der Arbeit ein paar U Bahn Stationen laufen anstatt zu fahren. Wenn Du dein Körper auspowerst, dann wirst Du so müde sein, dass das Einschlafen kein Thema mehr sein wird für dich.

5. **Raus aus der Gedankenspirale**

Was mache ich morgen, was koche ich morgen, was muss ich noch bei der Arbeit erledigen, warum hat die Nachbarin nicht Hallo gesagt? Fragen und Gedanken können manchmal schlechte Streiche spielen. Wer viel zu viel vor dem Einschlafen nachdenkt, wird leider nicht abschalten und somit schlecht einschlafen können. Wechsle einfach mal deine Gedanken, schaue dir einen Film an oder lies ein gutes Buch und beruhige deine Gedanken.

Liebe dich und dein Körper, verändere dein Verhalten und lebe bewusster!

Wenn es dir schwer fällt dich selbst aufzuraffen, dich selbst zu motivieren um dein Leben neuen Schwung zu geben oder um dich zu verändern, dann biete ich dir ein Email-Coaching oder einen Coaching per Skype an.

Verschlafen und zu spät?...

(und 6 Tipps damit Du es schaffst morgens rechtzeitig aufzustehen)

Hier ein paar Tipps für Morgenmuffel! Wie Du am besten morgens aufwachst. Die besten Ideen und Wege für Menschen, die einfach den Wecker überhören.

Der Wecker klingelt und Du kriegst kein Auge auf. Jedem ist es schon mal passiert.

Man drückt den Wecker aus und irgendwie kommt man doch nicht aus dem Bett.

Dabei hast Du doch deine 8 Stunden geschlafen.

Ob Du nun auf dem Weg zur Schule oder auf dem Weg zur Arbeit bist, ein Zuspätkommen kommt für dich überhaupt nicht in Frage.

Hier habe ich für dich die besten Tipps wie Du es endlich schaffst, schon früh am Morgen rechtzeitig aus dem Bett zu kommen und nicht mehr zu spät dahin kommst, wohin Du auch hin willst oder musst.

1. Vorhänge offen lassen, Licht

Nachts ist es dunkel, es gibt keine Sonne und kein Licht, was die Menschen in ihrem Schlaf stört. Genau aus diesen Gründen schläft der Mensch auch nachts am besten und am tiefsten. Wenn Du nachts bei geschlossenen Vorhängen am besten schläfst dann solltest Du ab Morgen doch lieber auf Vorhängen verzichten. Besonders Früharbeiter sollten es mal mit Morgenscheinlicht versuchen, denn das weckt die menschlichen Sinne.

2. Laute Musik

Wecker klappt nicht, den machst Du beim ersten Klingeln sowieso aus und schläfst wieder ein? Wie wär's mit einem Radiowecker oder deiner Lieblingsmusik als guten Morgen Wecker? Den macht man nicht sofort aus! Die laute Musik weckt deine Sinne und schon langsam fällt dir das aus dem Bett kommen einfacher. Wenn Du ein besonderer Morgenmuffel bist, solltest Du gute Musik mit starken Beats benutzen, die einem auch wirklich ins Ohr schallen.

3. Ein Glas Wasser

Die Augen gehen nicht auf, Du verspürst einfach keine Kraft beim Aufwachen? Wie wäre es mit einem Glas Wasser beim Aufstehen, das weckt auf! Einfach vor dem Schlafen gehen, eine kleine Flasche Wasser neben dem Bett auf dem Nachttisch stellen und beim ersten Versuch aufzuwachen sofort das Wasser trinken!

4. Essen, am besten was süßes

Wenn dir das Wasser einfach zu Energie arm ist, sollte einen weiteren Schritt gehen und gleich früh am Morgen zu etwas süßem greifen. Schokolade, Früchte, Bonbons, Traubenzucker oder sonst was neben dem Bett auf dem Nachttisch legen und in der Früh essen! Das ist ein garantierter Energieschub! Allgemein solltest Du morgens gut frühstücken, denn das Essen am Morgen bildet die Energie die Du während des Tages verbrauchst.

5. Telefon-Weck-Dienste

Wenn Du es mit dem Wecker einfach nicht hinbekommst, ihn immer wieder abschaltest und weiterschläfst, solltest es doch mal mit einem Weckdienst probieren. Es gibt verschiedene Weckdienste, die Du anrufen kannst und deine Telefonnummer und Uhrzeit angibst. Diese werden dann am angegebenen Tag um die genaue Uhrzeit anrufen. Das System ist einfach und doch genial! Der Telefonweckdienst ruft dich dann an und lässt dein Telefon klingeln, bis Du endlich rangehst und dein Dienst abbestellst. Viele Menschen reagieren ruckartig und aufgeweckt auf Telefonanrufe. Auch die ewige Klingelei treibt die meisten Morgenmuffel zum aufwachen.

6. Früher ins Bett

Schon alle Vorschläge ausprobiert? Wenn all diese Ideen und Aufwach-Wege auch dir nicht weiterhelfen, dann gibt es nur noch eine Lösung, **mehr Schlaf**. Wenn Du morgens nicht aufwachst, trotz des Lärms, trotz des Lichts, trotz alle andere Weckfaktoren, musst Du einfach früher ins Bett und dir den Schlaf geben welchen dein Körper braucht, damit er keinen Grund mehr zum Schlafen hat. Ein ausgeschlafener Mensch schläft die Stunden, die er braucht, und wird auch ohne Wecker oder sonst etwas aufwachen. Also, abends oder nachts mal auf Kino Abende, Restaurants, Spiel Runden, Arbeit, Poker Gesellschaften, Fernsehstunden oder auf sonst welche Abendbeschäftigungen verzichten, und einfach mal früher ins Bett gehen!

Liebe dich und dein Körper, verändere dein Verhalten und lebe bewusster!

Wenn es dir schwer fällt dich selbst aufzuraffen, dich selbst zu motivieren um dein Leben neuen Schwung zu geben oder um dich zu verändern, dann biete ich dir ein Email-Coaching oder einen Coaching per Skype an.

Was gibt's zum Frühstück?...
(ein paar Ideen und warum Du frühstücken solltest)

Alles was Du zum Thema Frühstück wissen solltest!

Ein paar Frühstücks Ideen und warum Du frühstücken solltest!

Nur wenigen Menschen ist die Wichtigkeit des Frühstückens bewusst. Wer am morgen nicht isst, verpasst eine wichtige Mahlzeit am Tag. Denn am Morgen nimmst Du die Energie zu dir, die Du während des Tages verbrauchst. Die meisten Menschen sagen, dass sie keine Zeit haben um morgens zu frühstücken. Mit diesem Artikel will ich allen Menschen da draußen Ideen geben, wie man ohne Zeit zu verlieren sein Frühstück genießen kann. Schluss mit dem schnellen Kaffee trinken und was gibt's zum Frühstück?

Es gibt verschieden viele Frühstücksmöglichkeiten, Die einen mögen es süß, die anderen eher herzhaft, einige mögen es warm, andere wiederum kalt. Es gibt unendlich viele Rezepte für ein gutes und nahrhaftes Frühstück, jeder sollte seine Lieblings Frühstücksmahlzeit herausfinden.

1. **Einfach und schnell!**

Viele Menschen lieben es einfach ihre Schüssel Cornflakes zu essen. Diese können von Sorte und Geschmack variieren, doch die Milch ist immer dabei. Cornflakes sind gesund am Morgen und schmecken meistens herrlich. Wer es nicht all zu süß mag sollte es mit natürlichen Cerealien versuchen. Die sind ungesüßt und schmecken ebenfalls lecker

2. **Für Früchteliebhaber!**

Wer gerne in sein Essen investiert und es gesund mag, sollte es mit einem Müsli versuchen, welcher täglich variieren kann. Ein Müsli besteht aus verschieden klein geschnittenen Früchte, dazu Milch, Jogurt oder Buttermilch, und zur Krönung ein Schuss Müsli! Wer es süßer haben will sollte Zucker, Honig oder Süßmittel dazugeben. Wer sich nun beschwert, er habe am morgen keine Zeit sich an die Früchte zu machen, sie zu schälen und zu schneiden, sollte folgendes tun. Früchte am Vorabend vorbereiten und mit eine Schuss Zitrone in einem Behälter verschließen. Am Besten gleich mehr Frucht Salat machen als man braucht, so dass man für mehrere Frühstücke die Früchte bereit hat. Jetzt kann man am Morgen einfach einen großen Löffel vom Fruchtsalat nehmen und Müsli mit anderen Zutaten zugeben und schon ist der Müsli frisch und fertig.

3. Klassisch!

Die meisten kennen den Morgen mit einem Sandwich, Morgenbrot oder einem Croissant. Ob nun die herzhafte Version mit Salami, Käse und so weiter oder eher die süße Version mit Nutella, Honig und so weiter, ein beschmiertes oder belegtes Brot ist schnell gemacht, einfach und füllt den Magen. Das praktische am Sandwich ist, dass man ihn am Vorabend vorbereiten kann und er tragbar ist, also auf dem Weg gegessen werden kann. Sandwichs können abwechselnd sein, auch sehr lecker, sind aber dafür auch nicht immer das gesündeste.

4. Bitte warm!

Ein warmer Frühstück kann zum Beispiel aus einem Omelette, einem Toast oder einem Pancake bestehen. Pancake ist am aufwendigsten. Der Teig muss man am besten schon am Vorabend vorbereiten, dann am Morgen einfach den Teig auf eine Pfanne aufwärmen. Ein Pancake wird zu meist süß gegessen, kann aber auch salzig verzerrt werden. Pancakes sind sehr lecker und füllen den Bauch, doch sind weniger gesund. Ein Toast ist so einfach wie ein Sandwich, dauert nur wenige Minuten um knusprig braun zu werden. Ein Omelette oder Rührei sind auch nicht aufwendig, doch dauert seine Zeit. Natürlich gibt es beim warmen Frühstück ausgefallenere Versionen zum Beispiel mit Bratkartoffeln und Speck, doch nur selten hat man die nötige Zeit am Morgen für solch ein Frühstück.

5. Eilig!

Für die ganz eiligen gibt es Müsli-, Schoko- Riegel oder Getränke wie Kaffee und Tee, doch diese gelten leider nicht als Frühstück und haben nur selten den Effekt einer Mahlzeit. Jeder Mensch sollte seinem Körper geben, was er braucht und benötigt um den Tag zu bestehen. Richtig und gesund frühstücken sollte jedermann, trotz des Zeitmangels, denn Zeit ist steuerbar und lässt sich managen.

Ein gutes Selbst- & Zeitmanagement solltest Du dir aneignen, denn das ist eins der wichtigsten Sachen, welche Du im leben immer wieder brauchst und das nicht nur um Frühstücken zu können.

Herzinfarkt...
(und alles was Du darüber wissen solltest)

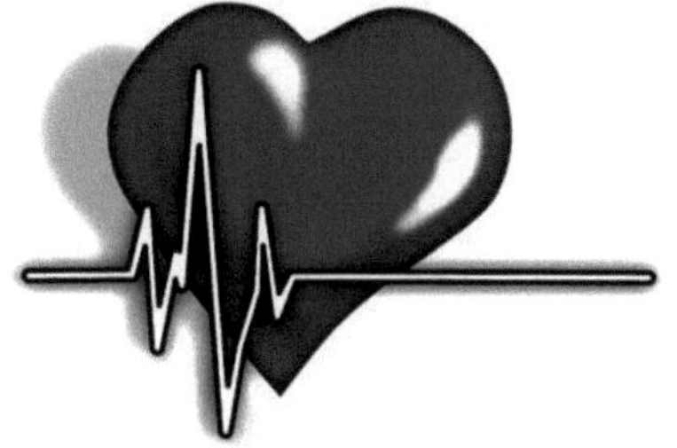

Herzinfarkte sind heutzutage keine Rarität.

Der Stress in unserem Alltag wird immer größer, der Druck und die Nerven immer reizvoller.

Immer mehr Menschen leiden unter diese und andere Belastungen und reagieren mit Herzinfarkte.

Doch leider wissen nur zu wenige über diese Krankheit bescheid, oder wissen, wie sie zu reagieren haben. Dazu kommt noch, dass viele Menschen, die Gefahr eines Herzinfarkts sehr unterschätzen. Dabei ereignen sich pro Jahr mehrere Millionen Herzinfarkte auf der ganzen Welt. Die Überlebenschancen nach einem Herzinfarkt stehen dazu noch nur bei 50 Prozent.

Besonders Männer sind Herzinfarkt-gefährdet. Zu meist befinden sich die Männer zwischen dem Alter von 50 und 60 Jahren. Aber auch Frauen sind zwischen dem Alter von 60 und 70 Jahren Herzinfarkt-gefährdet. Natürlich gelten diese Zahlen nicht für alle, Infarkte sind auch bei jüngeren Menschen möglich und bekannt. Besonders Menschen mit den Risikofaktoren wie hohes Cholesterin, Diabetes, Bluthochdruck, Übergewicht und Rauchen sind gefährdet.

Wer folgende Risikofaktoren aufweist und im entsprechenden Alter ist, sollte sich die Gefahren des Herzinfarkts bewusst sein. Regelmäßige Arztbesuche schaden nie und sollten gemacht werden. Lieber einmal öfter den Arzt aufsuchen, als dass es zu spät ist.

Welche Symptome weisen einem auf ein Herzinfarkt Risiko hin?

Es gibt verschiedene Symptome, die einem ein Herzinfarkt andeutet, wird oft übersehen oder falsch gedeutet. So sollte man bei Übelkeit oder Schwindelgefühle zweimal nach checken, ob es sich nicht ums Herz handelt. Auch starke Bauchschmerzen können ein Hinweis auf einen möglichen Herzinfarkt sein. Diese Schmerzen und Symptome können so plötzlich wieder verschwinden, wie sie gekommen sind, sollten aber nicht ignoriert werden. Sie sind meistens ernstzunehmende Anzeichen für ein Infarkt Risiko.

Die typischen und wichtigen Anzeichen kurz vor einem Herzinfarkt sind Druck- und Schmerzgefühl im Brustkorb hinter dem Brustbein. 90 Prozent aller Herzinfarkt Betroffene empfinden diese plötzliche Schmerzen. Weitere häufige Symptomen sind Schmerzen in der linken Schulter, seltener auch in der rechten Schulter, Schmerzen in der linken Brust, Schmerzen im linken Arm oder Schmerzen im Unterkiefer. Typisch sind auch Vernichtungsgefühle, kalter Schweiß und Übelkeit.

Dank diesen und anderen Symptomen (Herzschmerzen, Druckgefühl in der Brust und allgemeine Brustschmerzen) kann man also einen bedrohlichen Herzinfarkt rechtzeitig erkennen und agieren. Also, erste Anzeichen eines Herzinfarkts frühzeitig erkennen ist das A und O für die Vorkehrung.

Wie kommt es zum eigentlichen Infarkt?

Ein Herzinfarkt entsteht, wenn ein wichtiges Blutgefäß durch verkalkte Arterien (Arteriosklerose) verengt ist. Die starren Wände der Blutgefäße werden immer brüchiger, es lagern sich Blutplättchen an, die das Gefäß schließlich verstopfen. Der Herzmuskel stirbt ab. Dieser Vorgang muss nicht immer lange dauern, es kann blitzschnell in nur wenigen Minuten passieren.

Wer an einem Herzinfarkt leidet oder neben sich eine Person sieht, die an einem Herzinfarkt leidet, muss sofort reagieren, den jede Minute zählt.

Also sofort den Notdienst anrufen, Situation des Patienten und Ort dem Notdienst beschreiben. Gleichzeitig auch den Patienten beruhigen und ihm zur Seite stehen. Nicht mit dem eigenen Auto in die Klinik fahren. Wertvolle Zeit zur Behandlung durch den Notfallarzt im Krankenwagen geht verloren.

Ein jeder Mensch der glaubt, Herzinfarkt gefährdet zu sein, kann aktiv dagegen was tun. Um sich vor Herzinfarkte schützen zu können muss er sein Lebensstil ändern. Am wichtigsten ist es, den Kreislauf wieder in Schwung zu bringen. Am besten macht man das durch regelmäßige Bewegungen und körperliche Aktivitäten. Auch muss auf eine gesunde und richtige Ernährung geachtet werden. Obst und Gemüse sind empfehlenswert, auch Oliven sind sehr gesund, dagegen sollte man auf Salz und Alkohol verzichten.

Meine Zusammenfassung für die Reduzierung/Vermeidung eines Risikos auf Herzinfarkt:

Gewöhne dir einen gesunden Lebensstil an! Esse ausgewogen und in Maaßen, vor allem viel Obst und Gemüse, vermeide zu viel Salz zu dir zu nehmen. Trinke viel Wasser und vermeide Alkohol. Verzichte aufs Rauchen oder zumindest reduziere es weitestgehend. Bewege dich regelmäßig, betreibe etwas Sport und Fitness für deinen Körper. Lege dir täglich und regelmäßig einige Ruhephasen fest. Lach mal wieder und sei mal wieder lustig. Freue dich darüber was Du hast und wie es bei dir ist, denn glaube mir eins, es gibt Menschen denen es nicht so gut geht wie dir und sogar viel weniger haben wie Du. Und ganz wichtig, denke mehr positiv!

(D)ein Ruheort...
(eine fantastische Reise)

Als ich mich für das Bloggen und diesen straffen Plan entschieden hatte, konnte ich, wenn mich die Muse packte einfach loslegen. Jetzt, wo ich eine wunderbare süße Tochter habe, ist es nicht mehr ganz so fließend, denn die meisten Abläufe von ihr vorgegeben werden und nicht von meiner Muse. Das ist auch gut so, denn ich liebe sie über alles und ich immer für sie da sein will und werde.

Ich glaube dennoch an dem was ich mache, vor allem dass ich dir eine Hilfe und Unterstützung sein kann. Aus diesen Gründen und weil ich sehr viel Spaß daran habe, stelle ich gerade mein Selbst- und Zeitmanagement um.

Für heute habe ich eine schöne Möglichkeit für dich damit Du einfach mal abschalten kannst und das immer dann, wann Du willst und etwas Ruhe und Entspannung brauchst.

Ich bin der Meinung das alle einen Rückzugsort, einen sogenannten Ruheort brauchen, so auch Du.

Deshalb habe ich mich entschieden auch dir eins meiner Geheimnisse anzuvertrauen.

Das ganze begann vor Jahren und war anfangs ziemlich unspektakulär.

Die Rede ist von der Geburt meines Ruheortes.

Ich begann jedenfalls eines Tages zu Meditieren und währenddessen hatte ich meine alte Holztruhe vor Augen. Mehr passierte nicht, zumindest die ersten Meditationen.

Diese alte Truhe hat eine Höhe von 30cm, eine Breite von 45cm sowie eine Tiefe von 30cm.

Dieses Bild mit geschlossenen Augen war so real, als ob ich wirklich mit offenen Augen mir die Truhe anschauen würde. Ich konnte jedes einzelne Detail wahrnehmen.

Nach einigen Meditationen, war es dann soweit. Eines Tages spürte ich eine angenehme Wärme in meinem Körper.

Sie wurde immer stärker und stärker bis sie schließlich über meine Schädeldecke hinaus stieg, als eine Art Rauch.

Ich konnte fühlen wie ich selbst diese Art Rauch war. Ich flog auf die Truhe zu und dann durch das Loch des Schlosses hindurch. Auf der anderen Seite angekommen, fühlte ich mich wieder wie immer. Ich wurde wieder zu Materie und hatte wieder meinen Körper erlangt.

Ich schaute mich um und stellte fest in einen Gewölbekeller zu sein. Links und rechts an den Wänden waren jeweils zwei brennende Fackel. Weiter vorne war eine Treppe, welche nach unten führte. Ich ging diese Treppe, Stufe für Stufe nach unten. An den Seitenwänden waren noch mehr brennende Fackeln. Unten angekommen war vor mir ein riesengroßes und gewölbtes Tor.

Ich machte es auf und auf einmal wurde es hell. Ich befand mich vor dem Himmel mit sehr schönen weißen Wolken. Sonst konnte ich nichts sehen, wegen den Wolken.

Eine innere Stimme forderte mich auf zu springen und nach kurzem hin und her sprang ich.

Bessergesagt ich ließ mich fallen und schwebte langsam nach unten durch die wunderschönen Wolken hindurch. Als keine Wolken mehr zu sehen waren, konnte ich die Erde mit ihren Wiesen, Tälern, Bergen und Flüssen erkennen.

Ich näherte mich einer großen Eiche und kam sanft am Boden zu stehen.

Ich schaute mich um und war überwältigt von der Vielfalt des Lebens und den schönen Farben. Neben der Eiche befand sich eine Sitzbank und darauf saß ein asiatischer älterer Mann. Links und rechts von ihm saßen ebenfalls zwei wunderschöne Katzen, die eine in weiß und die andere in schwarz.

Mild lächelte mich der alte Mann an und begrüßte mich ohne die Lippen zu bewegen. Als ich erwiderte, merkte ich, dass auch ich meine Lippen dabei nicht bewegte. Wir kommunizierten mental miteinander, was sich anfangs etwas merkwürdig anfüllte.

Sonderbarer war jedoch, dass wir den Boden nicht berührten, wir schwebten etwa zehn Zentimeter darüber. Der alte Mann forderte mich auf ihn zu folgen und währenddessen erzählte er mir von diesem wunderbaren Ort.

Wir kamen an einem glasklaren Fluss vorbei, darin schwammen viele schöne Fische, in den verschiedensten Farben und Größen. Wir schwebten über grüne Wiesen und Täler und trafen viele Tiere. Alle Tiere konnten mental kommunizieren und es machte mir Spaß mit ihnen zu reden.

Schließlich erblickte ich einen Tempel, worüber eine riesengroße Buddha-Statue aus Gold, schützend meditierte.

Der alte Mann öffnete das Tor des Tempels, ohne es zu berühren und wir schwebten hindurch.

Im Inneren des Tempels war es sehr einfach gehalten die Wände und Decke waren in weiß und der Boden war grauschwarz. Mitten im Raum war ein sehr langer Tisch mit verschiedenen Gefäßen. In den Gefäßen befanden sich Flüssigkeiten in den verschiedensten Farben.

Der alte Mann nahm ein Gefäß, nach dem er mich nochmal genau angeschaut hatte.

Er murmelte etwas vor sich hin, was ich jedoch leider nicht verstand.

Er gab mir das Gefäß und forderte mich auf das Getränk zu trinken. Es war etwas süßlich, schmeckte jedoch sehr angenehm.

Ich spürte eine angenehme Wärme in meinem Körper.

Der alte Mann murmelte wieder etwas und formte seine Hände zu einer Kugel, daraus entstand eine Art Energie in der gleichen Farbe, wie mein Getränk.

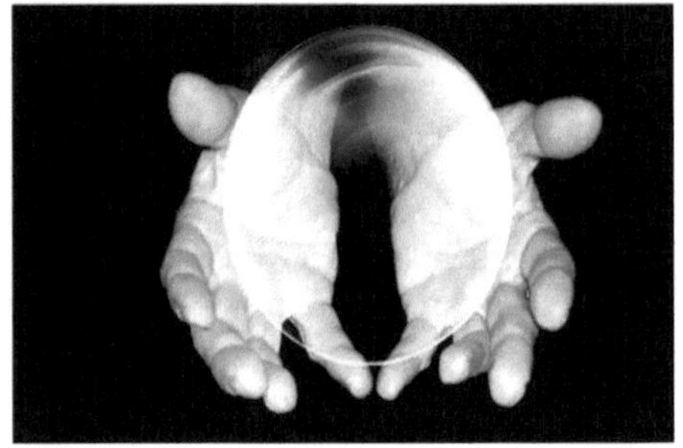

Auf einmal sah ich diese Energie größer werden und auf mich zukommen, bis sie mich schließlich gänzlich umhüllte.

Jetzt spürte ich diese angenehme Wärme auch von Außen nach Innen.

Kurze Zeit später schwebten wir den gleichen Weg zurück, an den grünen Wiesen und Tälern, an den Bergen, am glasklaren Fluss vorbei bis hin zu der Sitzbank vor dem Eichenbaum. Dort angekommen, setzte sich der alte Mann mit seinen zwei Katzen und wir verabschiedeten uns von einander.

Ich machte einen Sprung nach oben und schwebte an dem Eichenbaum vorbei, durch die schönen weißen Wolken und das große Tor hindurch. Ich schloss das Tor hinter mir zu und ging die Treppe hinauf.

Ich spürte wie ich wieder zu Rauch wurde, wonach ich durch das Schloss hindurch flog, durch den Raum bis ich wieder in meinen meditierenden Körper ankam. Ich kam langsam wieder in die Realität zurück und war voller Energie, mir ging es um ein vielfaches besser, als vor beginn dieser wunderschönen Reise.

Das ist mein Ruheort, das ist der Ort an dem ich mich gelegentlich zurückziehe, immer dann wenn ich es brauche und einfach mal entspannen möchte um Energie zu tanken.

Diese oder eine ähnliche Möglichkeit lege ich dir sehr ans Herz. Seih es zur Vorbeugung von Burnout, von Herzinfarkt oder von sonstigen Krankheiten.

Du kannst sehr gerne diesen Ruheort persönlich für dich nutzen, wann immer du meinst es zu brauchen.

Glücklich sein...
(Metapher)

Es kamen einmal ein paar Suchende zu einem alten Zen Meister.

„Herr", fragten sie, „was tust du, um glücklich und zufrieden zu sein? Wir wären auch gerne so glücklich wie du."

Der Alte antwortete mit mildem Lächeln:

„Wenn ich liege, dann liege ich. Wenn ich aufstehe, dann stehe ich auf. Wenn ich gehe, dann gehe ich und wenn ich esse, dann esse ich."

Die Fragenden schauten etwas betreten in die Runde. Einer platzte heraus:

„Bitte, treibe keinen Spott mit uns. Was du sagst, tun wir auch. Wir schlafen, essen und gehen. Aber wir sind nicht glücklich. Was ist also dein Geheimnis?"

Es kam die gleiche Antwort:

„Wenn ich liege, dann liege ich. Wenn ich aufstehe, dann stehe ich auf. Wenn ich gehe, dann gehe ist und wenn ich esse, dann esse ich."

Die Unruhe und den Unmut der Suchenden spürend fügte der Meister nach einer Weile hinzu:

„Sicher liegt auch Ihr und Ihr geht auch und Ihr esst. Aber während Ihr liegt, denkt Ihr schon ans Aufstehen. Während Ihr aufsteht, überlegt Ihr wohin Ihr geht und während Ihr geht, fragt Ihr Euch, was Ihr essen werdet. So sind Eure Gedanken ständig woanders und nicht da, wo Ihr gerade seid.

In dem Schnittpunkt zwischen Vergangenheit und Zukunft findet das eigentliche Leben statt. Lasst Euch auf diesen nicht messbaren Augenblick ganz ein und Ihr habt die Chance, wirklich glücklich und zufrieden zu sein."

unbekannter Autor

Die Moral der Geschichte:

Gewöhne dir an, eine Sache nach der anderen zu machen. Lebe heute in Hier und Jetzt! Sei Glücklich!

Gespräch unter Freunden...
(Metapher)

Zwei Freunde treffen sich nach langer Zeit zufällig auf der Straße und erzählen, wie es ihnen in der Zwischenzeit ergangen ist.

Der erste sagt:

„Ich habe vor einem Jahr geheiratet, aber leider ist meine Frau vor drei Wochen verstorben."

Der zweite drückt sein Mitleid aus:

„Wie furchtbar! Was hat sie denn gehabt?"

„Och, ein kleines Einzelhandelsgeschäft und ein paar Tausend Euro Festgeldanlagen", ist die Antwort.

„Nein, das meine ich nicht. Was hat ihr denn gefällt?" Fragt der andere.

„Na ja, ein Bauplatz und das Geld, das Geschäft vernünftig auszubauen."

Der Freund nimmt einen dritten Anlauf:
„Das meine ich doch nicht. An was ist sie denn gestorben?"

Da sagt der erste:
„Ach so. Sie wollte in den Keller, ums für Mittagessen Kartoffel und Sauerkraut zu holen. Dabei ist sie auf der Treppe gestürzt und hat sich das Genick gebrochen."

„Um Himmels willen!", ruft der zweite erschrocken.
„Was habt ihr denn da gemacht?"

„Nudeln."

unbekannter Autor

<u>Die Moral der Geschichte:</u>

Lerne aktiv zuzuhören und Respektiere dein Gegenüber.

Adler oder Huhn?...
(Metapher)

Ein Farmer, erzählt man, fand im Wald einen verletzten jungen Adler. Er nahm den jungen Vogel mit zu sich nach Hause, pflegte ihn gesund und steckte ihn in den Hühnerstall zu seinen Hühnern.

Er gab ihm Hühnerfutter zu Fressen, obwohl er ja ein Adler und der König der Lüfte war.

Nach einigen Jahren kam einmal ein alter Freund des Farmers zu Besuch, welcher etwas von Vogelkunde verstand.

Dem fiel der Adler im Hühnerstahl auf worauf er verwundert sagte:

„Der Vogel dort ist kein Huhn, sondern ein Adler."

„Ja", sagte der Farmer, *„das stimmt aber ich habe ihn zu einem Huhn erzogen. Er ist jetzt mehr Huhn, wie ein Adler."*

„Nein", sagte der Freund, *„er ist immer noch ein Adler, denn er hat das Herz eines Adlers und das wird ihn hoch hinauf fliegen lassen in die Lüfte."*

„Nein, nein", sagte der Farmer, *„er ist jetzt ein richtiges Huhn geworden und wird niemals mehr wie ein Adler fliegen können, schau doch selbst"*.

Darauf beschlossen sie, eine Probe zu machen. Der vogelkundige Freund nahm den Adler, hob ihn in die Höhe und sagte beschwörend: *„Du der ein Adler bist, du der dem Himmel gehörst und nicht dieser Erde, breite deine Flügel aus und fliege!"*

Der Adler blickte sich um und sah hinter sich die Hühner nach ihren Körnern picken worauf er zu ihnen hinunter sprang und pickte mit.

Der naturkundige Freund gab aber noch nicht auf. Am nächsten Tag stieg er mit dem Adler am Arm auf das Dach des Hauses, hob ihn empor und sagte:

„Adler, der du ein Adler bist, breite deine Flügel aus und fliege!"

Aber als der Adler wieder die scharrenden Hühner im Hof erblickte, sprang er zu ihnen hinunter und scharrte mit.

Da sagte der Farmer:

„Ich habe es dir ja gesagt, er ist ein Huhn und er bleibt ein Huhn."

„Nein", sagte der andere, *„Er ist ein Adler und er hat noch immer das Herz eines Adlers. Lass es uns noch ein einziges Mal versuchen. Morgen werde ich ihn fliegen lassen."*

Am nächsten Morgen ging er mit dem Adler vor die Stadt auf einen hohen Berg. Er hob den Adler empor und sagt zu ihm:

„Adler, du bist ein Adler. Du gehörst dem Himmel, nicht dieser Erde. Breite deine Flügel aus und flieg!"

Der Adler zitterte und flatterte, blieb jedoch stehen und flog nicht. Da ließ ihn der naturkundige Mann direkt in die Sonne schauen und plötzlich breitete der Adler seine Flügel aus, erhob sich mit dem Schrei eines Adlers in die Lüfte und flog davon.

Seitdem kehrte der Adler nie wieder zurück, nur manchmal wurde er gleitend am Himmel gesichtet.

Unbekannter Autor

Die Moral der Geschichte:

Lass dir nicht sagen was Du kannst und wer oder was Du bist, entscheide selbst wer Du bist und finde heraus was Du willst und kannst! Denn schließlich kennst Du dich selbst am besten und nicht die Anderen dich. Sei der Adler und nicht das Huhn, breite deine Flügel aus und flieg!

Ein Lächeln...
(Metapher)

„Es kostet nichts und bringt viel ein.

Es bereichert den Empfänger, ohne den Geber ärmer zu machen.

Es ist kurz wie ein Blitz, aber die Erinnerung daran ist oft unvergänglich.

Keiner ist so reich, dass er darauf verzichten könnte
und keiner so arm, dass er es sich nicht leisten könnte.

Es bringt Glück ins Heim, schafft guten Willen im Geschäft
und ist das Kennzeichen der Freundschaft.

Es bedeutet für den Müden Erholung, für den Mutlosen Ermunterung,
für den Traurigen Aufheiterung und ist das beste Mittel gegen Ärger.

Man kann es weder kaufen, noch erbitten, noch leihen oder stehlen,
denn es bekommt erst dann einen Wert, wenn es verschenkt wird.

Und niemand braucht es so bitter nötig, wie derjenige,
der für andere keines mehr übrig hat".

unbekannter Autor

<u>Die Moral der Geschichte:</u>

Lachen ist gesund, macht glücklich und bringt dir Freu(n)de im Leben.

Gottes Hand...
(Metapher)

Im fernen Süden hatten einmal zwei Mönche Georg und Johan je einen Ölbaum gepflanzt.

„Herr, sende einen erquickenden Regen, dass mein Bäumchen Wurzel fassen kann!“ Bat Mönch Georg Gott und der Herr erfüllte seine Bitte.

„O Herr, lass den Himmel sich klären, damit die Sonne scheinen kann!“ Sagte der fromme Mönch und die Sonne kam und erwärmte die feuchte Erde.

„Jetzt soll der Frost kommen, damit die Rinde erstarken kann!“ Dachte Mönch Georg. Und siehe, bald hatte sich ein silberner Reif auf das Bäumchen gelegt. Da ging das Bäumchen ein.

Traurig trat Mönch Georg in die Zelle des Mönches Johan ein.

„Dein Baum steht frisch und blühend, und meiner ist eingegangen, trotz allem!“ Sagte er diesem, und erzählte ihm, was er alles getan hatte.

„Ich habe mein Bäumchen ganz in Gottes Hand gestellt“, sagte Mönch Johan.

„Ich dachte mir, dass Er, der die Bäume erschaffen hat, muss am besten wissen wessen sie bedürfen. So habe ich Gott keinen Rat erteilt und keine Bedingungen gestellt, sondern nur gebetet: ***Tu deine milde Hand auf, nimm dich seiner an!****“*

Unbekannter Autor

<u>Die Moral der Geschichte:</u>

Lerne zu Vertrauen und zu Glauben. Kontrolle ist gut, vertrauen manchmal jedoch besser.

Gott ist immer dabei...
(Metapher)

Ein Mensch tritt vor Gott und wartet nun darauf, was mit ihm geschieht.

Da sagt der liebe Gott:

„Also, ehe wir entscheiden, was wir mit dir machen, schauen wir uns zuerst einmal dein Leben an!“ Und so geschieht es. Und der Mensch sieht wieder alle wichtigen Geschehnisse, die ihn geprägt haben, wie in einem Film an sich vorbeilaufen. Doch etwas wundert ihn: Unter dem Film sieht er Fußspuren und zwar zwei Verschiedene.

Da fragt er:

„Was sind das für Fußspuren, außer meinen? Ich bin doch immer ganz allein gelaufen.“

Das sagt der liebe Gott;

„Du irrst. Du bist nie allein gelaufen. Die anderen Fußspuren, das sind meine. Ich bin immer an deiner Seite gewesen.“ Da schwieg der Mensch beschämt. Doch plötzlich kamen sie an eine der schlimmsten Stationen seines Lebens, und da sah er nur noch eine einzige Fußspur mitlaufen.

„Siehst du“, rief er da aufgebracht.

„Da, als es mir am allerschlechtesten ging, da hast du mich allein gelassen. Dabei hätte ich dich doch gerade da am meisten gebraucht. Und wo warst du? Das ist nur eine Spur zu sehen!“

Und wieder sagte der liebe Gott:

„Du irrst. Das sind nicht deine Fußspuren, das sind meine. Denn an dieser Stelle habe ich dich getragen."

Unbekannter Autor

Die Moral der Geschichte:

Glaube kommt aus deinem tiefsten Innern und deiner festen Überzeugung. Er ist nicht unbedingt immer sichtbar. Wie so oft kann es sein dass Du Hilfe erhältst, Du es jedoch nicht wahrnimmst. Arbeite an deiner Wahrnehmung und sei Dankbar für alles was Du erhältst und hast, denn schließlich ist es das, was Du dir bewusst oder unbewusst gewünscht hast.

Printed by Books on Demand GmbH, Norderstedt / Germany